U0604154

辛德勇

學人書影初集

九州出版社
JIUZHOUPRESS

圖書在版編目（CIP）數據

學人書影初集 / 辛德勇著 . -- 北京 : 九州出版社，2019.1
ISBN 978-7-5108-7801-5

Ⅰ . ①學… Ⅱ . ①辛… Ⅲ . ①書影 - 中國 - 清代
Ⅳ . ① G256.29

中國版本圖書館 CIP 數據核字 (2019) 第 005086 號

學人書影初集

作　　者　辛德勇
責任編輯　李黎明
出版發行　九州出版社
地　　址　北京市西城區阜外大街甲 35 號
郵　　編　100037
發行電話　（010）68992190/3/5/6
網　　址　www.jiuzhoupress.com
印　　刷　北京盛通印刷股份有限公司
開　　本　880 毫米 × 1230 毫米　32 開
印　　張　12
字　　數　200 千字
版　　次　2019 年 3 月第 1 版
印　　次　2019 年 3 月第 1 次印刷
書　　號　ISBN 978-7-5108-7801-5
定　　價　128.00 元

目 录

四

七

九

自 序

　　選編在這裏的這些書影，取自我個人所存清代刻本中的經部書籍。

　　編這本書，主要出於如下兩個方面的考慮。其一，是由於社會上頗有一些人，特別是喜歡收藏舊書的朋友，誤以爲我是『藏書家』，所以很長一段時間以來，對我書房裏的書籍，充滿好奇，想要一看究竟。其二，也是更重要的原因，是收存這些舊刻本古籍，與我的讀書和研究生活密不可分，選編這些書影，把它公佈出來，可以和同道學人，交流文史研究的一些基本觀念和做法。

　　當代從事文史研究的學者，對這一行道的認識，往往會有很大的差

一四

別。這是人文研究中十分正常的現象，也是人文科學研究與自然科學、社會科學研究的重大差別。這種差別，用言人人殊來形容，當然過分誇張，但若是換個說法，謂一類人有一類人的看法，應該是恰如其分的。

就我個人而言，因爲是從理科轉過來的，這種學科出身，便決定了自己在學習和從事中國古代歷史問題研究時的一項基本追求——即重視基礎知識的學習和掌握。很多基礎知識不懂，所以不能不努力多學習一些；另一方面，理科學習所接受到的數理基礎，又使自己堅信，學術研究，必須腳踏一個堅實可靠的階梯，來由低處向高處攀爬。

衹有在胡扯的『學術圈』，纔會有所謂『學術創新』的大帽子可戴，纔會鼓搗出『創新工程』之類的扯蛋『工程』。因爲正常的學術研究，是

從下往上攀爬，踏上的每一步，必然都是一番新天地，必然都會進入一個新境界。每一項研究、每一個人的研究都必然如此，那還戴那頂帽子幹啥？傻不傻呀？創造出『學術創新』這個詞語的人，確實是做出了一項重要的『創新』，可惜他衹是一位在不知道誰糊弄誰的傻瓜比賽中脫穎而出的優勝者；當然更準確地講，應該說是一位侮辱學人智力的冠軍。

從事文史研究的學人，若是真心做學問，真心做研究，就需要努力掌握、至少是多少瞭解一些不可或缺的基礎知識。針對中國古代史領域的狀況，北京大學歷史系已故教授鄧廣銘先生曾提出『四把鑰匙』說，即四種引導你走上研究之路的先行知識，包括年代學、職官制度、歷史地理學與版本目錄學。學者們要以這些方面的一些基本知識爲基礎，纔

能做好中國古代史的研究。其實這也應該是文史研究領域內絶大多數學者的必由之路。之所以這樣講，是因爲我們通常所説的『文史研究』，指的就是中國古代之文史，實際上是包括震旦之國古代文史哲所有問題的研究在内的，而這些歷史學以外的研究，究其實質，不過是歷史研究中一些比較特别的門類而已，也都同樣需要上述知識作基礎，衹不過其中有些領域，需要的基礎知識還會更多一些（比如文字、音韻、訓詁），需要進一步拓展研究者的知識領域，而不會比中國古代史的從業者更少。

鄧廣銘先生講的這『四把鑰匙』，我没有見過他本人的文字表述。别人轉述，都説我剛才提到的『四把鑰匙』中的版本目録學，鄧先生本人講的是『目録學』，似乎並未容納『版本』在内。不過按照我的理解，這

樣的認識，顯然是不夠準確的。所謂『目錄學』，用更具有現代性的話語來講，就是史料學。這是邁入文史研究殿堂時必須跨過的一道門檻。但目錄學知識，很大程度上也可以說是關於如何合理使用古籍的知識，其中是一定要包含古籍版本學知識在內的。譬如清末人張之洞編著的《書目答問》，在我們今天看來，可以說是一部中國古籍目錄學的入門指南性著述。張氏在這部書中每列舉一部典籍，都會注出他爲讀者精心選擇的版本，這就是目錄、版本二位一體而密不可分的典型例證。

從中國學術發展的歷程來看，研究歷史問題，講求版本，這是伴隨着清代乾嘉考據學的興盛而出現的一種現象。眾所周知，乾嘉考據學在學術性質上的一項重要特徵，就是所謂純學術，是爲學術而學術。這樣

的研究，要求研究者力求客觀，盡可能地在客觀研究的基礎上揭示歷史的真實面貌，也就是所謂『實事求是』。實事求是的研究，強調無徵不信，而對版本目錄的考究，就是求其徵而有信的一項重要環節。從事文史研究而講求目錄，同時也講究版本，就是這樣發生的，也是這樣發展的。到今天，真正的學術研究（當然不包括那些專門搞『學術創新』的人在內），愈加深入，愈加細緻，對包括版本學知識在內的目錄學知識，也就應該更加重視。

所以，對於我來說，古籍版本，首先是一項重要的學術基礎知識。

要想做好學術研究，特別是文史研究，除了直接應用的知識和技能之外，還應有文化的熏陶。歷史已經過去，但文化還在流傳。作爲一名

中國古代歷史的研究者，最好能夠浸潤其間，在自己的個人生活中，更多直接領略一些古代文化知識。這樣會潛移默化地增強我們對歷史的直接感覺。

說起這樣的感覺，有些人可能會覺得很玄虛，其實真的很重要。清人袁熹在談論讀書問學的境界時曾經談道：『氣象最不可強，須是涵養到，則氣象自別。』（語出袁氏《枝葉錄》）對於每一位做人做事都有追求的學人來說，探索學術問題的歷程，也是一個學者氣象養成的過程。養成一種更加醇厚廣博的氣象，纔能更好地體會和理解過往的歷史，纔能更加切實地把握過去那些人們在歷史上的活動及其影響。

這既是一種熏陶，也可以說是一種陶冶。涵養這樣的氣象，需要學

習很多文化知識，甚至最好還要包括一些技能，古籍版本學知識，就是其中的一項重要構成。我們看那些做出重大貢獻的學術前輩，如錢大昕、王國維等先生，無不貫穿百家諸藝而能精識版本奧義。看到這些學術前輩的著述，纔會真正弄明白山高海深，所謂學術造詣云者，迥非今世白日間夢寐擢髮飛升者可得而言之。

不過在另一方面，這些年來，真心喜愛學術，想對文史研究有所貢獻的年輕朋友，也是越來越多。儘管在總體數量上，還是微不足道，但其實在什麼世道，就是喜歡讀書，就是喜歡琢磨古人舊事的人，也都是屈指可數的。所謂『讀書種子』，從來都不是很多。這就是文史研究，它就是這樣一門學術。我總說『學術是寂寞的』，寂寞就寂寞在它永遠衹是

很少一小部分書呆子的事情，是想熱鬧也熱鬧不起來的。具體落實到古籍版本知識上來，情況更是如此。

儘管這樣，在文史研究隊伍總體規模大幅度擴張的社會大背景下，若是不考慮其在從業人員之中的比例，僅僅考察其絕對數值，關注古籍版本、甚至對古籍版本充滿興趣的青年學人，確實是越來越多。人們在學習古籍版本知識的過程中，希望能有機會多做一些具體的瞭解，相互之間，多加交流。

如前所述，現在我編印這本小書，首先就是想和這些同道學人，交流我在這方面的一些經歷和體會，供大家參考；同時也可以滿足一下藏書愛好者的好奇心，讓這些朋友看看，我究竟有些什麼貨色。

前面，我從一種理想期望的角度，談了文史研究對一些基礎知識的要求，但實際上在現代社會中，我們每一個具體的人，都難以做得周詳完備，祇能根據自己的條件和機緣，不斷學習，逐漸充實提高。祇要明白學術是一個由低到高的漸進過程，祇要對學術心存虔敬，不妄自好高騖遠，每一位學人，都可以從一點一滴做起。水滴石穿，便是自然的結果。學習古籍版本知識也是這樣，有機會，有條件，就積極學一點兒；條件若是不允許，就先放一放。不要着急，實際上也急不得。祇要喜歡學，慢慢就能學會。

相對而言，版本學知識是在我前面談到的文史研究各項基本知識當中最單純，也最簡單易學的。上個世紀五十年代以來，學術界普遍輕視

二三

這方面知識的傳授和掌握，首先是緣於政治對學術的妨害；其次是由於客觀條件的限制，學者們直接接觸古書的機會越來越少，這樣就很難揣摩歷代版刻的實際情況。

現在的電子傳播形式和大批量的古籍影印出版，給學者們學習古籍版本知識，提供了極大便利。這也是這些年來很多年輕的文史專業學生和學者較多關注古籍版本知識並積極學習相關知識的一項重要客觀原因。僅僅觀看圖片，雖然不能瞭解古籍版本的全部信息，但卻能夠認知其主要內容，特别是和學術研究密切相關的主要版刻要素。

不過在另一方面，不加具體說明的電子圖片或是影印古籍，實際上又很難讓初學者直接、準確地認知相關版本學知識。除了一般的版本學

通論書籍之外，人們還是需要藉助版本圖錄性質的書籍，纔能接近、熟悉乃至進一步深入認識和研究具體的版本學內容。

在已有的綜合性版本圖錄類著述中，宋元版書方面，有趙萬里先生的《中國版刻圖錄》；其次是明代刻本，有潘承弼、顧廷龍二先生的《明代版本圖錄初編》；清代的版刻，則有業師黃永年先生和賈二强學長合著的《清代版本圖錄》。這三種書，已經構成了一個基本的古代版刻圖錄的體系。至於其他商業性的或個人藏品的圖錄，各有特色，對人們學習古籍版刻知識，也都會有所幫助。

黃永年先生對中國版刻史研究的一項重大貢獻，是獨立構建起明清刻本的版刻體系，而《清代版本圖錄》則是他完成這一創建的重要輔助

工作。對我們具體認識清代版刻的體系和各種代表性刻本的版本特徵，這部書成就卓越，貢獻巨大，也可以說是中國古籍版本學史上的一座里程碑。

《清代版本圖錄》體現了清代版刻的總體面貌，但一方面，由於清代版刻的豐富性，在此基礎上還有很多具體的細節有待認識和揭示；另一方面，更重要的是，從清代學術與版本知識的關係角度看，從事各個領域研究的學者，還需要瞭解更多具體典籍的版刻情況。因此，也就有必要另行編著一些清代版本的圖錄。

倏忽之間，花費很大精力尋覓和購買古籍刻本，竟是二十多年以前的舊事了。十多年來，我已經很少再買。上個世紀九十年代轉調到北京

工作以後，我纔嘗試着開始購買一些古刻舊本，前後持續了十幾年時間。這在很多同輩愛好者中，起步是很晚的。起步晚，買到好書的機緣就會要少一些。同時，主要由於經濟條件的限制，我買到的古籍，刻印年代都比較晚，絕大多數，是清代乃至清代以後的本子。所以，選編自己藏書的書影，我也衹能從清代刻本做起。

從版刻特點來看，清代的刻本，可以說是在主流版刻的特徵高度接近或普遍相似的前提下，具體的版刻形式又變化多端，姿彩紛呈，有待更加細緻的研究；即使是主流的方體字字體，看似相同而實際上卻是同中有異，其間的差別，其中的規律，都還沒有人歸納總結。總之，需要一點一點地展開的研究，有很多很多。

我想，多編印一些清代版本的圖録，會有助於清代版本的研究逐步走向深入，並揭示出版刻特徵變化背後的歷史文化脈動。爲了使讀者更好地通過這本書影來認識清代的版刻，在書影的具體安排上，我的做法有些與衆不同，這就是盡量印出了所選書籍的内封面和牌記。這些在許多學問家看來似乎無關緊要的附件，對古書版本卻是關係重大，所以我想盡量在這本圖録上將其呈現給讀者。

過去出版的私藏清刻本版本圖録，最有名的，是黄裳先生的《清代版刻一隅》。這本書的出版，對清代刻本的收藏，起到了很大的促動作用。除了對版刻形式之美的追求之外，在内容上，黄裳先生大致主要側重兩個方面：一個是明末清初人物的著述，一個是清人詩文集。作爲個

人藏書，收藏的重點基於藏書家自己的興趣，這當然無可非議，而且祇有具備了出自真心的情趣，纔能獲取並藏儲有價值的好書。

余生也晚，開始購買古籍時書價已昂，市面上能夠買得起的古刻舊本，已經相當有限，實在沒有條件選購特定的專題。於是，祇好人棄我取，能買到一本是一本。這樣買到的書籍，便雜七雜八，經史子集，什麼都有，又什麼都不精不專。好在當時學者已經很少有人買書，這樣我可以從學術研究的角度，撿取一些藏書家們不太在意的東西。好處，是對書籍的選擇具有一定的學術深度。當然，這樣做的缺點，也是顯而易見的，這就是不管哪一類書、不管從哪個角度看，都不成系統。這很遺憾，也很無奈。

這次先嘗試選編一些清代刊刻的經部書籍，並沒有什麼特別的考慮。

凡事總得有個開頭，經部既然列在四部之首，圖方便，就從頭上開始。

假如讀者們對這樣的書影還有一些興趣的話，以後在時間方便的時候，還可以繼續選印寒齋中史部、子部和集部書籍的清代刻本。

這些清人刊刻的經部書籍，雖然也有一小部分前代的著述，但大部分都是清人的著作。清人的經學研究，與前代有很大不同，也取得了輝煌的成就。現在不知爲什麼，對經學的研究，好像是很昌盛，但真正具有學術意義的研究，無論如何，也不能忽略清儒的各項成果。就目前的總體狀況而言，人們對清代經學成就的瞭解和認識，顯然是很不全面、也不夠深入細緻的。在這當中，就包括對清人經學著述的版本關注不夠。

三〇

我希望這部書影的出版，在這方面能夠發揮一定作用，能夠幫助人們更好地重視和認識相關的版本問題。

最後，我想在這裏和喜歡藏書的朋友簡單談一點關於古籍收藏的想法，這大致也可以算是回應一下本文開頭所講的社會上那些古舊書愛好者對我書架上書籍的好奇心。

看了上面講的這些話，大家也就能夠明白，我祇是一介書生，爲更好地從事文史研究而在力所能及的情況下曾經買過一些古刻舊本。因而從經濟的眼光看，這些書並沒有多大收藏的價值。

不過收藏這種事，是很難一概而論的。絕大多數真心喜歡古舊書的朋友，其實更在意的還是書籍本身，而不是附加在它上面的經濟效益，

關注的重點，首先並不是這些書到底能賣多少錢。愛書，喜歡書，欣賞書，享受書籍帶給我們的歡樂，這都是祇可以與知者道而不可以與不知者言的事，是我們自己懂的事。

藏書的樂趣有很多，很豐富，也很複雜，我上面講的那些一本正經的大道理，其實也是收藏樂趣中的一個重要方面。不過對於絕大多數古舊書愛好者來說，其印製形式的精美性，或者說是藝術性，無疑是一個普遍關注的熱點。對於中國古代的刻本來說，這種藝術性，是首先體現在字體版式等版刻的精良程度上。

選印在這裏的這些書影，雖然也有一些非常精美的版刻，譬如道光十九年祁寯藻依景宋鈔本仿刻的《說文解字繫傳》，但更多的還是清代最

爲通行的方體字刻本。竊以爲如何從藝術欣賞的角度來領略這些版刻内涵的韻味，也是對收藏者情趣的一種考驗。這，也許你現在就懂，也許還需要一段時間，需要更多的涵養。

二〇一八年八月三十一日晚記

凡例

一、清代刻本，通常在書前刊印有內封面。這種內封面，是清代刻本的重要標誌，其作用略與今書籍封面相當。今選錄的每一種版刻，凡存有內封面者，不拘完好程度如何，一律印出。惟諸本內封面多襯有薄紙護持，以致無法獲取清晰書影，祈讀者諒之。

二、清代刻本，多鐫印有刻書牌記。牌記是載錄刻書時間和刻書地點的重要附件，其作用略與今書籍版權頁相當。今選錄的每一種版刻，凡存有刻書牌記者，不拘完好程度如何，一律印出。

三、酌情選印一些鐫有刻工姓名和校勘者姓名的頁面。

四、每書原則上選取正文卷一首頁正面（或殘本正文首頁正面）。若正文首頁正面闕失或有嚴重毀損，擇取其他頁面。

五、文字說明，略仿先師黃永年先生與賈二強學長編著《清代版本圖錄》的體例。

六、每書有特別意義的內文，酌情選印若干葉面。

七、為便於閱覽，印製形式，乃右文左圖。若選收葉面為偶數，則酌情增選一葉，以保持版式不變。

八、版框的高度和寬度，若無特別說明，係指正文首頁版框內側數值，雙邊者據內側細邊。高度係量測右邊框處，寬度係底邊框處正面半葉的數值。

尚書質疑三卷

清顧棟高撰

道光六年蔣廷瓚眉壽堂原刻本

顧棟高爲清前期著名學者，所著《春秋大事表》享譽學林。此書《四庫全書》存目，僅此一刻，寫刻精湛，而傳世頗稀，傅增湘《藏園訂補郘亭知見傳本書目》未予著錄。

版框高一七八毫米，寬一三一毫米。白口。

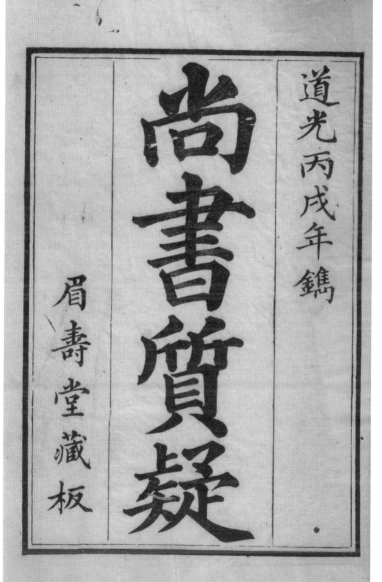

道光丙戌年鐫

尚書質疑

眉壽堂藏板

無錫顧震滄祭酒棟高經學湛深著述繁富第刊板行世者春秋大事表之外不少概見予曩得其尚書質疑抄本三卷什襲藏之有年矣茲偶檢閱愛其考論精確洵足為後學攻經者導之津梁惜坊間未有刻本因亟為校對付之剞劂以裨後學焉

道光六年歲次丙戌三月望日丹徒蔣廷瓚夢峨氏書於梅花草庵

尚書質疑卷上

虞書九族論

顧氏炎武曰堯克明俊德以親九族孔傳以為自高祖至元孫之親蓋本之喪服小記以三為五以五為九之說此百世不可易者也牧誓數商之罪但言昏棄厥遺王父母弟而不及外親呂刑申命有邦歷舉伯父伯兄仲叔季弟幼子童孫而不言甥舅古人先後之序如此故爾雅於內宗曰族於母妻則曰黨今世

尚書古文證疑四卷

清孫喬年撰

嘉慶十五年原刻本

刊刻精整而傳本無多。卷首有乾隆甲申秋孫氏自序，嘉慶十五年其子全奭、全嚴刻書序。《販書偶記》著録有『嘉慶庚午天心閣刊』者，應即此本。

版框高一七四毫米，寬一二九毫米。白口。

尚書古文證疑卷之一

高郵孫喬年寶田著　　男全奭召南　嚴叔然　較梓

今文尚書源流

史記秦始皇本紀三十四年用李斯議凡天下詩書百家語悉詣守尉燒之　又秦律挾書者族偶語詩書者棄市　漢書帝紀孝惠四年除挾書律

史記儒林傳言尚書自濟南伏生　又伏生故爲秦博士孝文帝時欲求能治尚書者天下無有乃聞伏生能治欲名之是時伏生年九十餘老不

尚書地理今釋一卷

清蔣廷錫撰

嘉慶二十二年環秀堂原刻本

書入《四庫全書》，而此前別無單刻。版心下方鐫『超然閣』。傅增湘《藏園訂補郘亭知見傳本書目》未予著録，印本極罕見。書版初成，尚存墨釘待鐫。

版框高一七九毫米，寬一一三毫米。黑口。

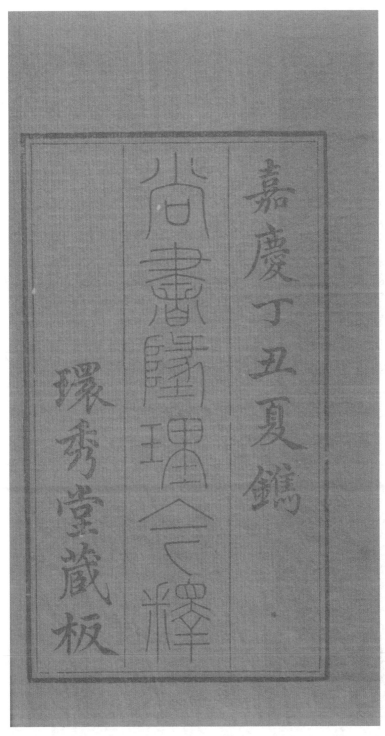

嘉慶丁丑夏鐫

尚書地理今釋

環秀堂藏板

尚書地理今釋

經筵講官太子太傅文華殿大學士兼理戶部尚書事臣蔣廷錫撰

虞書

堯典

嵎夷　今朝鮮地　按孔安國傳東表之地稱嵎夷正義曰青州在東界外之畔爲表故云東表之地禹貢錐指援據後漢書以嵎夷爲朝鮮地葢朝鮮古屬青州與山東登州府隔海相對正合孔傳東表之語薛季宣書古文訓謂嵎夷海嵎諸夷今登州于欽齊乘

自在大河之南與此爲二詳禹貢三危下

羽山　在今山東兗州府沂水東南一百里接郯城縣及江南淮安府海州贛榆縣界

大禹謨

歷山　在今山西平陽府蒲州南三十里即禹貢雷首山也水經注云河東郡南有歷山謂之歷觀舜所耕處

益稷

塗山　在今江南鳳陽府懷遠縣東南八里孔穎達正

超然閣

禹貢分箋七卷

清方溶撰

嘉慶二十四年銀花藤館原刻本

卷一《禹貢圖式》，爲相關地圖。版心下方鐫『銀花藤館』。印本流傳稀少。

版框高一八一毫米，寬一四〇毫米。黑口。

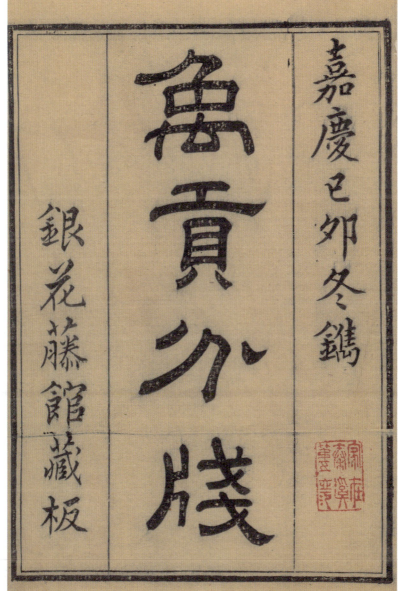

嘉慶己卯冬鐫

禹貢分箋

銀花藤館藏板

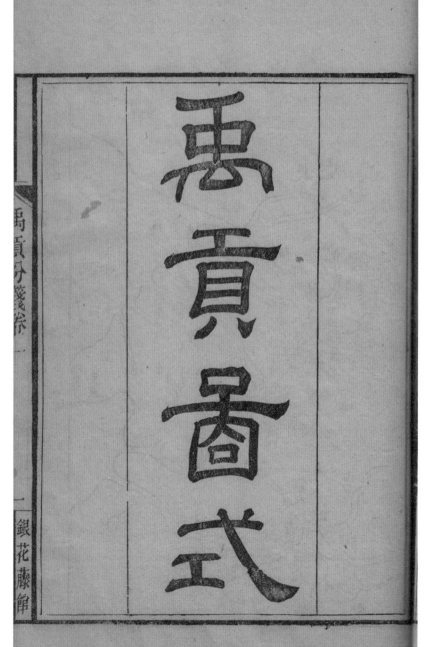

禹貢圖式

禹貢分箋卷一

銀花藤館

禹貢分箋卷二

海鹽方　濬　蓉浦纂　　黄振埜厚齋　同學　　受業　黄振甲柳江

北條水圖志

大河　漢志河入海行九千四百里據元人說河自發源至華陰已九千餘里則通計入海當在萬里外也

大河自積石山東北流至河州始入中國六十里朱思本曰吐番河源大概東北流所歷皆西番地至蘭州凡四千五百餘里始入中國謹遵御纂案地圖河出今西蕃巴顏喀拉山東名阿爾坦河東北流三百餘里合鄂敦塔拉諸泉源元史所謂火敦腦兒郎星宿海大河經州北

九州總圖

海
碣石
逆河
九河
徒駭
滹沱
恒
衛
汾
太原
太岳
冀
清漳
濁漳
衡水
大陸
析城
王屋
帝都
太行
懷
兗
青
濟
雷夏
淄
汶
東原
岱
沂
陪尾
濰
嵎夷
萊夷
蒙
羽
徐
大野
菏澤
陶丘
孟豬
滎
豫
洛汭
外方
伊
渭
荊
內方
三澨
大別
東陵
雲夢
漢入江
敷淺原
彭蠡
九江
揚
震澤
洞庭
衡
桐柏
淮

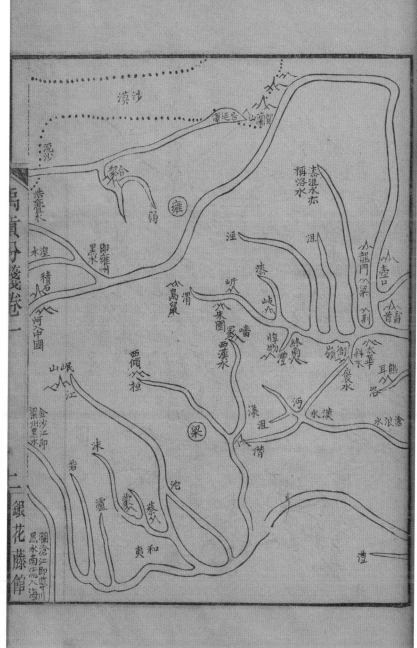

沙漠
流沙
居延澤
賀蘭山
合黎
弱
雍
浩亹水
湟水
即雍州黑水
積石
河入中國
漆沮水亦稱洛水
涇
沮
漆
龍門
梁
荊
壺口
雷首
鳥鼠
渭
岍
岐
朱圉
嶓冢
西漢水
惇物
終南
灃
太華
斜水
褒水
熊耳
洛
沔
漢水
滄浪水
漾
沮
潛
西傾
桓
岷山
江
梁
金沙江即梁州黑水
沫
若
沱
蒙
蔡
瀘
和夷
澧
瀾滄江即古雍州黑水南流入海
禹貢分箋卷一
二
銀花藤館

禹貢正字 一卷

清王筠撰

約道光間原刻本

書版約刻成於道光年間。此版與王氏其他道光咸豐間所刻著述，後彙印爲《王菉友九種》。

版框高一七九毫米，寬一二九毫米。白口。

禹貢正字

唐明皇改尚書、又使衛包改之、於是羣經所無之俗字多見于此經、是白龍魚服也、況其字旣改、其義即別、是經義亦自此而謬也、漢書地理志禹貢具在、史記五帝本紀所用尚書、幸以訓詁易本文、然亦有足正者、茲以漢志爲主、兼采他書、錄爲一編、以教家塾、敢曰能復古文之舊、庶或少洗唐人之陋云爾、道光己酉冬日安邱王筠

禹貢書序曰、禹別九州、隨山濬川、任土作貢、釋文曰、貢字或作贛、非也、說文贛、賜也、是自上下下之詞、貢、獻功也、是自下上上之詞、端木子名賜、故字子贛、見樂記、又見論語學而篇釋文、以後不復

禹貢錐指節要一卷

清汪獻玗撰

咸豐三年汪氏家塾恩暉堂原刻本

仿宋精刻，字體俊朗，刷印亦早。版心上方鐫記字數，下方鐫『恩暉堂塾課』。卷末鐫『金陵柏逢吉仿宋並鐫』注記。清初胡渭撰《禹貢錐指》，是《禹貢》及河渠水利研究的一代名著，此書乃汪氏爲課童而摘編胡渭書，存其大略，讀之可見胡渭書影響及清代學術風尚下讀書人的知識構成。

版框高一九二毫米，寬一三四毫米。白口。

咸豐癸丑年鐫

禹貢錐指節要

家塾藏板

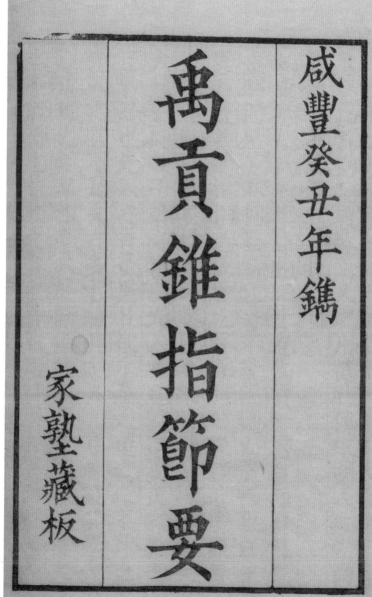

禹貢錐指節要

夏書

禹別九州隨山濬川任土作貢

禹貢

此篇貢法是禹所制非禹始爲貢也賦者自上稅下之名治田出穀經定其差等謂之厥賦貢者從下獻上之稱以所出之穀市其土地所生以獻謂之厥貢挈貢名篇有大一統之義焉

禹敷土隨山刊木奠高山大川

此三句蓋史辭敷分也賦也謂賦功屬役之事令人分布治九州之土地也于時平地盡爲流潦鮮有陸

禹貢錐指節要　三十一　思暇堂課本

明某氏云長洲汪獻玗記

金陵柏逢吉仿宋字鐫

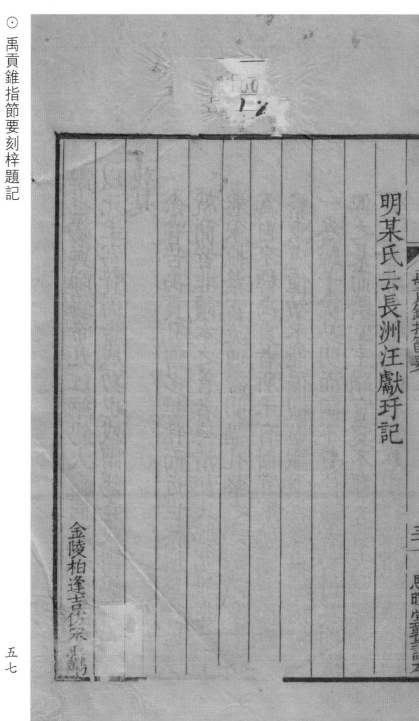

禹貢班義述三卷末附漢縻水入尚龍谿考一篇

清成蓉鏡撰

光緒十一年原刻本

成氏專據《漢書·地理志》以釋《禹貢》，爲一代名著。書成於道光庚戌，此乃其初刻單行之本。刊刻精整，世不多見。

版框高一七〇毫米，寬一三一毫米。黑口。

禹貢班義錄

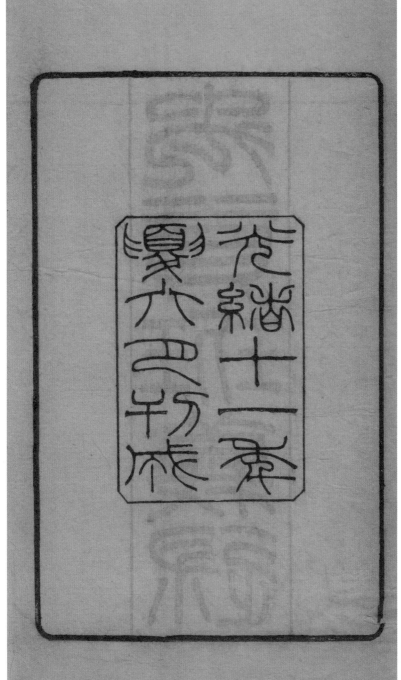

禹貢班義述卷上

堯遭洪水褱山襄陵天下分絶爲十二州使禹治之水土既平更制九州列五服任土作貢

述曰此古文說也云堯遭洪水褱山襄陵者堯典湯湯洪水方割蕩蕩懷山襄陵是其事矣洪水史記夏本紀鴻水滔天宋微子世家鯀陻鴻水蔡邕石經幾字□伊鴻水觀隸並作鴻水又宋世家洪範皆作鴻範與大傳同是古文作洪今文作鴻也褱夏紀作懷褱古文懷今文也說文水部洪洚水也洚水不遵道也鳥部鴻鴻鵠也衣部褱俠也褱褱也又𧘝篆下云褱者褱也心部懷念思也並古文用本字今文用叚借師古曰褱字與古懷字同語未明枚頤本尚書作洪懷云天下分絶爲十二州者堯典肇十有二州鄭注舜㠯青州越海而分齊州爲營州冀州南北太遠分衞爲幷州燕㠯北爲幽州新置三州幷舊爲十二州但肇十二州雖是舜然是時舜攝政堯尚在故云堯遭洪水分絶爲十二州也漢書王莽傳惟在堯典十有二州谷永傳永奏曰堯遭洪水之災天下分絶爲十二州皇甫謐帝王世紀

禹貢本義一卷

清楊守敬撰

光緒三十二年鄂城菊灣原刻本

楊氏輿地之學，人稱清代絕學。此書爲楊氏輿地研究名著。書係孫人和舊藏，鈐『孫人和讀書記』朱文方印。楊守敬諸書多隨印隨改，前後不同印本，其字句往往會有顯著差異。此本爲《禹貢本義》最初印本，世不多見，稍後印者即陸續剜改補刻，差異殊多。相互比較，可見作者學術觀點的完善過程。

版框高一二二毫米，寬一四一毫米。黑口。

禹貢本義

光緒丙午刊
于鄂城菊灣

禹貢本義自序

呂刑曰禹平水土主名山川爾雅云從釋地以下至九河皆禹所名也若然則九州巳肇自黃帝岱宗三危羽山亦先見舜典五嶽之有霍山十藪之有焦穫豈亦禹所定名是知呂刑爾雅不過言其大凡耳卽以禹貢本書言之雍州之荆山何以與荆州之荆山同名兗州之蒙山何以與梁州之蒙山同名雍州有漆沮何以兗州又有灉沮梁州有沱潛何以荆州又有沱潛皆是異地同名不能合一之證又如沇水東流爲濟又云溢爲滎漾水東流爲漢又東爲滄浪之

詩經通論十八卷卷前一卷

存卷前、卷一至三，卷十至十二，連卷前内容計七卷。

清姚際恒撰

道光十七年王篤鐵琴山館原刻本

姚氏爲清初疑古考古的代表性學者，此書爲其代表性著作。此本係該書初刻，傳世數量不多，故雖殘闕不全，亦足珍重。

版框高一五一毫米，寬一〇九毫米。白口。

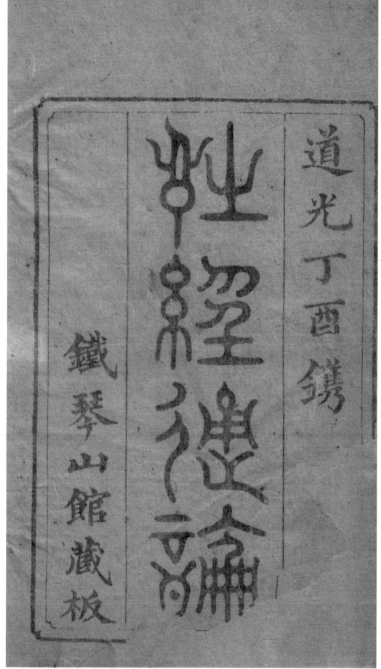

道光丁酉鐫

詩經通論

鐵琴山館藏板

意不致大歧埋没于若固若妄若鑿之中其不可詳者寧爲未定之辭務守闕疑之訓俾原詩之眞面目悉存猶愈于漫加粉蠹遺誤後世而已若夫經之正旨篇題固未能有以逆知也論成因詳述其所以釋詩爲獨難之故且以志吾媿

康熙四十四年乙酉冬十月新安首原姚際

恆識

詩經通論卷一

新安首源姚際恆著
韓城寶珊王篤校訂

國風

大序曰王道衰禮樂廢政教失國異政家殊俗而變風變雅作矣說者遂以二南爲正風十三國爲變風此謬也詩無正變孔子曰詩三百一言以蔽之曰思無邪變則必邪今皆無邪何變之有且曰可以羣可以怨未嘗言變也季札論詩論其得失亦未嘗言變也夫

毛詩故訓傳定本小箋三十卷

清段玉裁撰

嘉慶二十一年七葉衍祥堂原刻本　楊鍾羲批注

存卷九至十八，計十卷。

此書書版後與段氏其他著述書版彙印爲《經韻樓叢書》，此尚是彙印前單行印本，版面字跡清晰。鈐『鍾廣』白文長方印，知爲楊鍾羲舊藏。有楊氏批注。

版框高一六五毫米，寬一二八毫米。白口。

魏葛屨故訓傳第九　毛詩國風

魏國七篇十八章百二十八句

葛屨二章一章六句一章五句

葛屨刺褊也魏地陿隘其民機巧趨利其君儉嗇褊急而無德以將之

糾糾葛屨可以履霜摻摻女手可以縫裳要之襋之好人服之　好人提提宛然左辟佩其象揥維是褊心是以爲刺

糾糾葛屨可以履霜糾糾猶繚繚也夏葛屨冬皮屨葛屨非所以履霜摻摻猶纖纖也猶繚繚也猶纖纖也皆以漢人語言

霜裳陽部　襋服之部　提辟揥刺支部

蘩祁祁女心傷悲殆及公子同歸　七月流火八月萑葦萑依字當艸下萑作雈近古但叚萑雀字非從艸也蠶月條桑取彼斧斨以伐遠揚猗彼女桑七月鳴鵙八月載績載玄載黃我朱孔陽爲公子裳　四月秀葽五月鳴蜩八月其穫十月隕蘀一之日于貉古作貈舟聲與貍裘合韻取彼狐貍爲公子裘二之日其同載纘武公言私其豵獻豣于公　五月斯螽動股六月莎雞振羽七月在野八月在宇九月在戶十月蟋蟀入我牀下穹窒熏鼠塞向墐戶嗟我婦子曰爲改歲入此室處　六月食鬱及薁七月亨葵及菽八月剝棗十月穫稻爲此春酒以介眉壽七月食瓜八月斷壺

火葦脂部
桑斨揚桑陽部
鵙績支部
黃陽裳陽部
葽蜩幽宵通韻
穫蘀魚部
貉本作貈貍裘之幽合韻
同功豵公東部
股羽野宇戶下鼠戶處魚部
薁菽棗稻酒壽幽部
瓜壺苴樗夫魚部

上林賦蕩蕩乎八川分流相背而異態

荀子儒效篇君子務修其內而讓之於外務積德於身而處之以遵道如是則貴名起之如日月天下應之如雷霆故曰君子隱而顯微而明辭讓而勝

孟子今有璞玉於此雖萬鎰必使玉人彫琢之至於治國家則曰姑舍女所學而從我則何以異於

姓臣也誰無父母京師者諸侯之父母也其流湯湯言放衍無所入也載飛載揚言無所定止也不蹟不循道也弭止也懲止也我友敬矣讒言其興疾王不能察讒也

鶴鳴二章章九句

鶴鳴誨宣王也

鶴鳴九皋古書引皆無于字凡十四見唐石于九皋誤聲聞于野魚潛在淵或在于渚樂彼之園爰有樹檀其下維蘀它山之石可以爲錯

鶴鳴九皋聲聞于天魚在于渚或潛在淵樂彼之園爰有樹檀其下維穀它山之石可以攻玉

野渚魚部　園檀元部　蘀石錯魚部　天淵真部　穀玉侯部

詩毛氏傳疏三十卷

清陳奐撰　道光二十七年陳氏南園埽葉山莊原刻本

此書爲清儒研治《毛詩》名著，版刻精整。其書附刊有《毛詩音》、《毛詩說》、《毛詩義類》及《鄭氏箋考徵》四種，此本尚未附入。蓋《毛詩音》等附刊四種係咸豐年間刻印，而此本爲道光二十七年雕鐫初竣即刷印行世之書。書經邵章、于蓮客遞藏，鈐『古杭邵章倬盦藏書記』朱文長方印及『蓮客讀本』朱文長方印、『蓮居士身外物』朱文方印、『于蓮客』白文圓印、『蓮客』朱文長方印。

版框高一七〇毫米，寬一二九毫米。黑口。

詩毛氏傳疏

道光二十七年秋八月碩甫自題

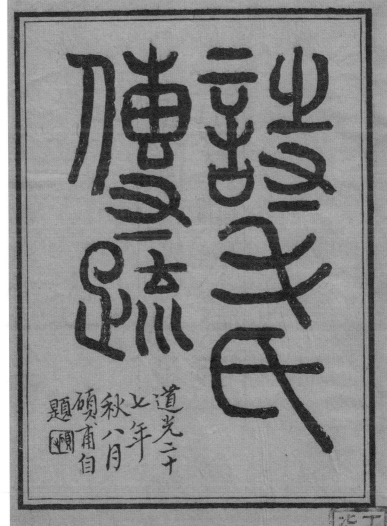

吳門南園埽葉山莊陳氏藏版

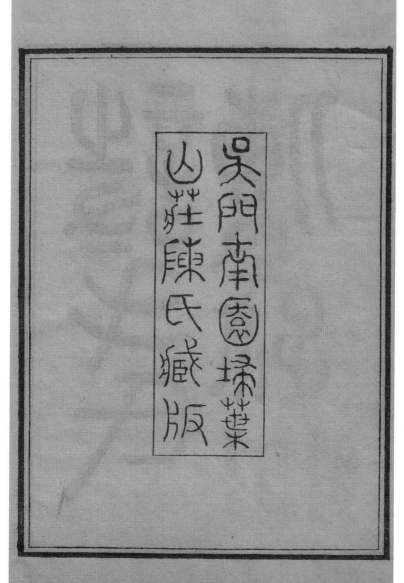

詩毛氏傳疏卷一

長洲陳奐學

周南關雎詁訓傳弟一　毛詩國風

周南之國十一篇三十四章百五十九句〔疏〕南南國也在江漢之域周雍州地名在岐山之陽譙周司馬貞說本大王所居扶風雍東北故周城是也周公食采於周故曰周公當武王成王之世周公在王朝爲陝東之伯率東方諸侯攝政五年營治東都王城六年制作禮樂遂以文王受命以後與己陝内所采之詩編諸樂章屬歌於大師名之曰周南焉先師金壇段氏玉裁毛詩小箋云章句既移篇前則都數宜在此毛三十四章鄭始三十六章

關雎三章一章四句二章章八句〔疏〕今本分章作五章此從故言陸德明釋文云五章鄭所分故言毛公本意後放此是也小箋云各本章句在篇後孔穎達正義

詩經小序備覽八卷卷首附詩經圖考一卷

清蘇萬芳撰

咸豐六年蘇氏稻香齋原刻本

此係村塾課童用俗書，添附字形讀音於朱熹《詩集傳》。惟朱熹《詩集傳》本廢去《詩序》不存，蘇氏此書卻特地將小序刪錄於各章之後，透露出學術風尚的變化，值得重視。因學者忽之，印本存世極少。

版框高二〇四毫米，寬一三七毫米。白口。

欽定字典校正　謹遵

詩經小序備覽

咸豐丙辰年

稻香齋梓

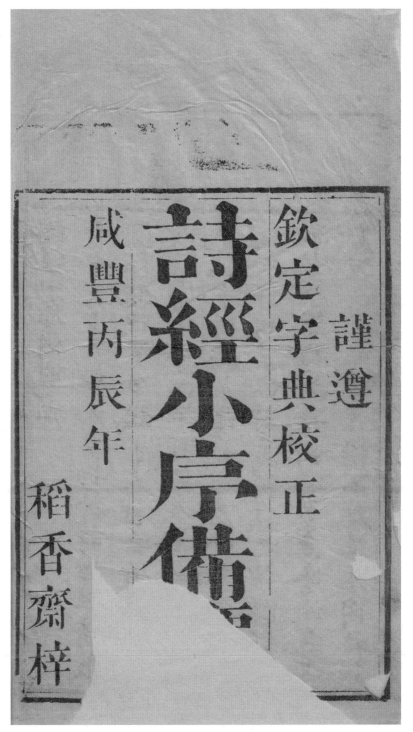

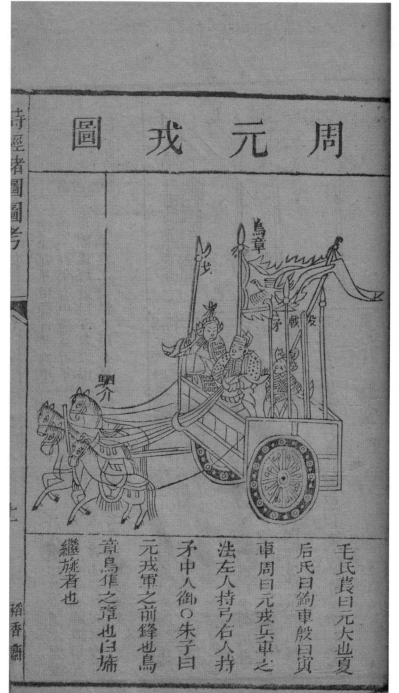

周元戎圖

毛氏萇曰元大也夏后氏曰鉤車殷曰寅車周曰元戎兵車之法左人持弓右人持矛中人御○朱子曰元戎軍之前鋒也鳥章鳥隼之章也白旆繼旐者也

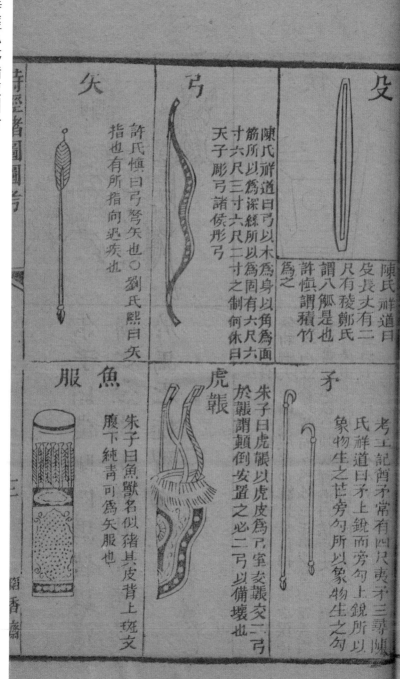

殳

陳氏祥道曰殳長丈有二尺有稜鄭氏謂八觚是也許慎謂積竹爲之

弓

陳氏祥道曰弓以木爲身以角爲面筋所以爲深絲所以爲固有六尺六寸六尺三寸六尺二寸之制何休曰天子彫弓諸侯彤弓

矢

許氏愼曰弓弩矢也○劉氏熙曰矢指也有所指向迅疾也

矛

考工記酋矛常有四尺夷矛三尋陳氏祥道曰矛上銳而旁勾上銳所以象物生之芒旁勾所以象物生之勾

虎韔

朱子曰虎韔以虎皮爲弓室交韔交二弓於韔謂顛倒安置之必二弓以備壞也

魚服

朱子曰魚獸名似豬其皮背上斑文腹下純青可爲矢服也

鼇頭蘇屋齋萬芳春華
編節監校正

卷从己卩部不从巳
侯从矦不从矦
封从二土
采从爫木俗作釆非
舊觀皆从廿省作廿二橫不穿
二監不从廿隹目不
之亦〇二字上
下齊均齊上畫
短者古上字〇
門从二戶無爵
僩从合
癰古聲

詩經卷之一　朱熹集傳

國風一、

國者，諸侯所封之域。而風者，民俗歌謠之詩也。謂之風者，以其被上之化以有言，而其言又足以感人，如物因風之動以有聲，而其聲又足以動物也。是以諸侯采之以貢於天子，天子受之而列於樂官，以考其俗尚之美惡，而知其政治之得失焉。舊說、二南為正風，所以用之閨門鄉黨邦國而化天下也。十三國為變風，則亦領在樂官，以時存肄，備觀省而垂監戒耳。合之凡十五國云、

周南一之一、

周，國名。南，南方諸侯之國也。周國本在禹貢雍州之境內，岐山之陽，后稷十三世孫古公亶父始居其地，傳子王季歷，至孫文王昌，辟國寖廣，於是徙都於豐，而分岐周故地以為周公旦召公奭之采邑，且使周公

葭音加平聲六麻勿誤讀甲
豝音巴平聲六麻勿誤讀八
騶音近除平聲七虞勿誤讀畜
史去聲
疊从田从宜
雙从二隹从又
虎从虎几
虞叶音娛

女之合而序何彼穠矣
爲昏也○美王姬也

何彼穠矣三章章四句

彼茁音拙者葭音加壹發五豝音巴于音吁嗟乎騶虞
叶音牙○賦也茁生出壯盛之貌葭蘆也亦
名葦發發矢豝牡豕也一發五豝猶言中必
疊雙也騶虞獸名白虎黑文不食生物者也
○南國諸侯承文王之化脩身齊家以治其
國而其仁民之餘恩又有以及於庶類故其
春田之際草木之茂禽獸之多至於如此而
詩人述其事以美之且歎之曰此其仁
心自然不由勉強是即眞所謂騶虞矣○彼
茁者蓬壹發五豵音宗于嗟乎騶虞叶五紅反○賦也蓬
草名一歲曰豵亦小豕也

序騶虞鵲巢之應也蒐田以
時仁如騶虞則王道成也

變雅斷章衍義 一卷

清郭柏蔭撰

咸豐十年原刻本

此原刻本極罕見，常見者爲民國郭則澐輯刻《侯官郭氏家集彙刊》本。寫刻字體精雅，有其獨特韻味。末鐫『宋鐘鳴雕』。

版框高一六九毫米，寬一一九毫米。白口。

咸豐庚申炑鐫

變雅斷章衍義

林星樞題

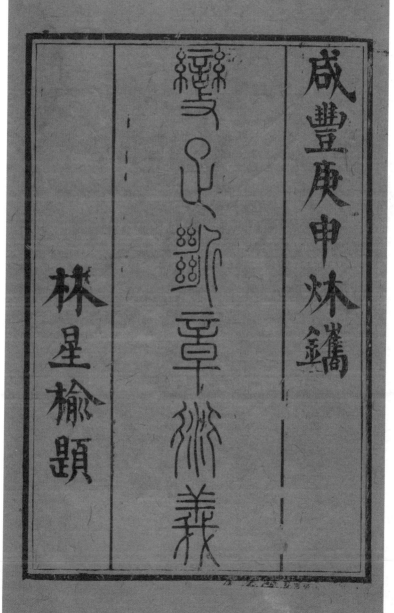

變雅斷章衍義

小雅節南山之篇

憂心如惔不敢戲談

時事顛倒之極當世士君子或寓言以譏之或反言以誚之未嘗非出於嫉惡之本懷而自有心人觀之則皆戲談之類也天怒如此其甚民怨如此其深禍敗之機可翹足待此何如時猶謂嬉笑可以代怒罵耶其曰不敢戲談蓋實有所以不敢之故耳非畏尹氏之威而箝其口也

受業楊用霖敬錄

吴穆敬校

變雅斷章衍義終

宋鐘鳴雕

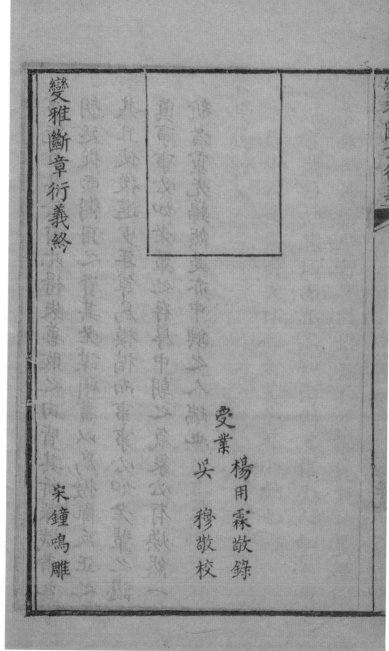

韓詩内傳徵四卷敘錄二卷補遺一卷疑義一卷

清宋綿初撰

乾隆六十年原刻本

卷首宋氏自序末鐫『江寧劉文奎鋟』，蓋一時著名書坊主人。版刻精整，白紙初印，尚存墨釘待鐫，自是難得一遇的精品。

版框高一六六毫米，寬一二八毫米。白口。

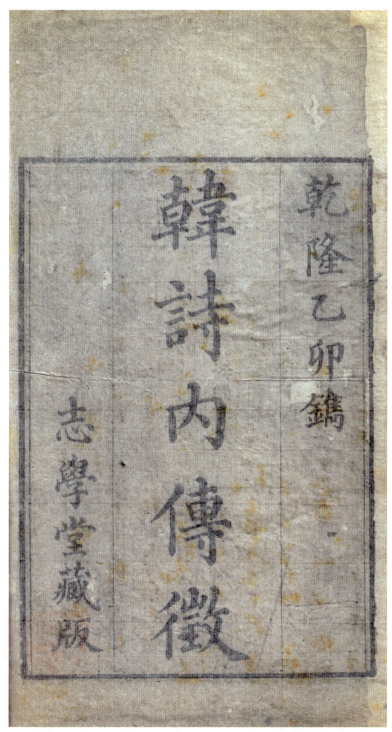

乾隆乙卯鐫

韓詩內傳徵

志學堂藏版

知之攷也以此書參之毛傳證之百家其諸好古之君子
或亦有取於是與漢志韓書凡四種隋志止有內外傳內
傳亖以薛氏章句爲二十二卷今書載薛注甚多而統曰
韓詩內傳從隋志也高郵宋綿初

江寧劉文奎鋟

韓詩敘錄上

韓嬰燕人也孝文時爲博士景帝時至常山太傅嬰推詩人之意而作內外傳數萬言其語頗與齊魯閒殊然歸一也淮南賁生受之燕趙間言詩者由韓生韓生亦以易授人推易意而爲之傳燕趙間好詩故其易微惟韓氏自傳之武帝時嬰常與董仲舒論於上前其人精悍處事分明仲舒不能難也後其孫商爲博士孝宣時涿郡韓生其後也漢書儒林傳

趙子河內人也事燕韓生授同郡蔡誼誼至丞相漢書儒林傳

蔡誼家在温師授韓詩爲博士入侍中授昭帝韓詩爲御

韓詩內傳徵卷一

高郵宋綿初纂

周南召南

韓詩序曰其地在南郡南陽之閒水經江水下

關雎

韓詩序曰刺時也王應麟詩攷六

鄭樵六經奥論曰漢興三家之詩惟韓詩以序傳於世齊詩無序魯序之有無未可知韓詩得序而益明漢儒多宗之如司馬遷楊雄范蔚宗之徒皆以二南作於衰周之時此韓學也

關關雎鳩在河之州

韓詩章句曰詩人言雎鳩貞絜愼匹以聲相求隱蔽於

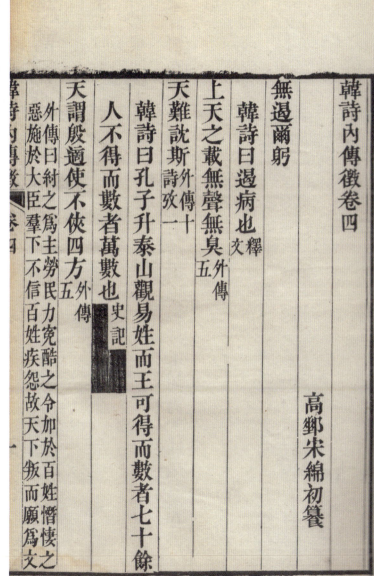

韓詩內傳徵卷四　　高郵宋緜初纂

無遏爾躬

韓詩曰遏病也釋文

上天之載無聲無臭外傳五

天難諶斯外傳十詩攷一

韓詩曰孔子升泰山觀易姓而王可得而數者七十餘人不得而數者萬數也史記■■

天謂殷適使不俠四方外傳五

外傳曰紂之爲主勞民力寃酷之令加於百姓憯悽之惡施於大臣羣下不信百姓疾怨故天下叛而願爲文

禮經會元四卷

宋葉時撰

約嘉慶間刻本

未詳何人所刊，惟極初印，刀痕墨色俱佳。書版尚未修竣，多存墨釘待填。

版框高一九三毫米，寬一四二毫米。黑口。

禮經會元卷第一

龍圖閣學士光祿大夫贈開府儀同三司南陽郡開國公食邑三千一百戶食實封一百戶謚文康葉時著

禮經

知有聖人之治法。當知有聖人之道法。離道于法非深於周禮者也。欲觀周禮。必先觀中庸。中庸曰。大哉聖人之道。洋洋乎發育萬物。峻極于天。優優大哉。禮儀三百。威儀三千。待其人而後行。夫禮儀三百。經禮也。說者謂周禮是也。威儀三千。曲禮也。說者謂儀禮是也。二書皆周公所述也。中庸言聖道發育萬物。復斂而歸之禮儀威儀之中。何哉蓋聖人之道。洋洋乎極於至大而無外。優優乎入於至小而無間。周公所

目習熟尚知周政王內之政不爾也況當成周盛時成王周公身爲之而身行之家齊而國以治國治而天下以平尚何以議爲哉

王內圖

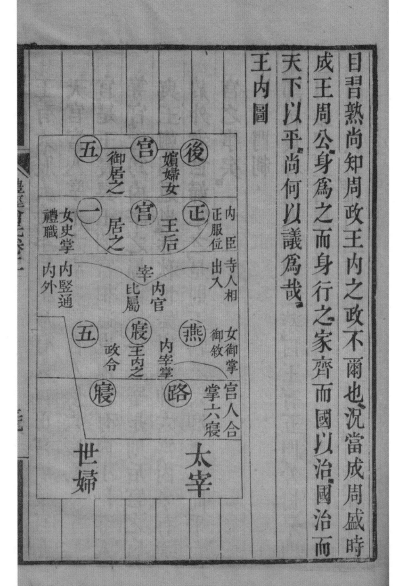

別皆六十有四此豈非三筮之制乎案杜子春說三兆說玉兆顓帝之兆瓦兆堯兆原兆周兆文說三易謂連山伏羲歸藏黃帝易說既非三兆亦不足據矣三兆漫不可考惟三易之名可得而辨者或曰連山神農歸藏黃帝周易伏羲皇甫謐誌或曰連山夏禹歸藏商湯周易文王易贊連山始於艮歸藏始於坤周易始於乾三易之首不同於是有三正三統之說或者又曰伏羲始畫八卦文王始重六爻今三易經卦皆八別皆六十有四豈止文王而後傳乎宋元豐中毛漸奉使契丹於民間得書有山墳形墳氣墳此古三墳書也山墳即連山易形墳即歸藏易氣墳即

周官辨一卷

清方苞撰

乾隆七年顧琮重刻本

是書舊有雍正三年友人龔纓初刊本，此乾隆七年顧琮與方氏《喪禮或問》同刻本。書版與方氏其他書版在嘉慶年間後彙印爲《抗希堂十六種》。字體風骨與《喪禮或問》同，版心書名下俱存留墨釘未鏟。

版框高二〇〇毫米，寬一三六毫米。白口。

望溪講授

周官辨

周官辨

桐城方苞望溪著
混同顧琮用方訂

周官辨僞一

凡疑周官爲僞作者非道聽塗說而未嘗一用其心卽粗用其心而未能究乎事理之實者也然其閒決不可信者實有數事焉周官九職貢物之外別無所取於民而載師職則曰近郊十一遠郊二十而三甸稍縣都皆無過十二市官所掌惟廛布與罰布而廛人之敘布總布質布別增其三夏秋二官毆疫禬蠱攻貍蠹去妖鳥毆水蟲所以除民害安物生肅禮事也而以戈擊壙以矢射神以書

喪禮或問 一卷

清方苞撰

乾隆七年顧琮重刻本

此方苞因《南山集》案牽連入獄期間所著。雍正四年，友人劉捷先爲之初刊。此乾隆七年顧琮與方氏《周官辨》同刻本。書版與方氏其他書版在嘉慶年間後彙印爲《抗希堂十六種》。字體剛勁，版心書名下亦存留墨釘未鏟。

版框高二〇〇毫米，寬一三〇毫米。白口。

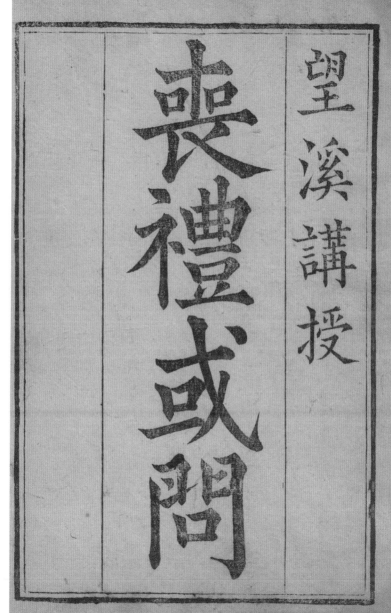

望溪講授

喪禮或問

喪禮或問

桐城方苞望溪著

混同顧琮用方訂

喪禮或問目錄

儀禮喪服或問

喪服不及高祖何也與曾祖同也何以知其同
無可殺也何以知其非無服也未有旁服以是
屬而反遺於正體者也服之有差所以責其誠
以義則高曾等重而恩亦未見其有差也後世
易曾祖爲五月高祖三月而例以小功緦麻之
月數未達於先王稱情以立文之義也
父在爲母齊衰期何也所以達父之情而便其
事也期之外父居復寢樂作矣而子纍然哭泣

儀禮釋官九卷（卷七、卷八爲所附侯國官制考，卷九爲所附侯國職官表）附卷首鄭氏儀禮目錄校證一卷

清胡匡衷撰

嘉慶二十一年研六閣原刻本

此書後有同治八年研六閣重刊本，此初刻原本稀見。

版框高一七四毫米，寬一二九毫米。白口。

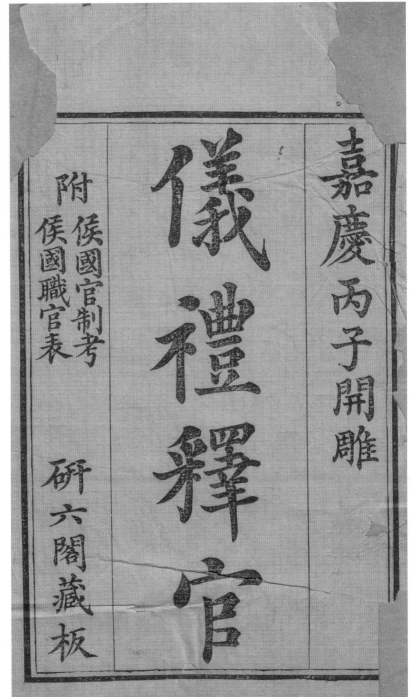

嘉慶丙子開雕

儀禮釋官

附 侯國官制考
侯國職官表

研六閣藏板

儀禮釋官卷首

績溪胡匡衷樸齋輯

鄭氏儀禮目錄校證

士冠禮第一

鄭目錄云童子任職居士位年二十而冠主人元冠朝服則是仕於諸侯句天子之士朝服皮弁素積古者四民世事士之子恒爲士冠禮於五禮屬嘉禮大小戴大戴戴德小戴戴聖及別錄別錄劉向所作此皆第一

疏曰此士身年二十加冠法五十乃爵命爲大夫故大夫無冠禮爲大夫早冠者亦依士禮三加天子諸

儀禮釋官卷一

績溪胡匡衷樸齋著

士冠禮

有司

司主也凡事有專主之者謂之有司敖氏繼公曰有司卽筮者卦者宰宗人之類

有司如主人服卽位于西方東面北上（注）有司羣吏有事者謂主人之吏所自辟除府史以下今時卒史及假吏是也（疏）士雖無臣皆有屬吏胥徒及僕隸故云有司羣吏有事者也云謂主人之吏所自辟除府史以下者

禮記注二十卷釋文四卷附考異二卷

漢鄭玄注　釋文唐陸德明撰　考異清張敦仁撰

清嘉慶十一年張敦仁仿刻宋淳熙四年撫州公使庫本

此本文字由清代第一校勘高手顧廣圻勘定，所附《考異》實亦出自其手。刻工則金陵名手劉文奎。此書初刻，《釋文》係以通志堂仿宋單刻本爲底本，實未依宋刻原版，其版心下方葉數下仍留木未除。至嘉慶二十五年，始據宋本剜改重刷。此本尚是剜改前初印者，世不多見。

版框高一九六毫米，寬一四八毫米。白口。

禮記卷第一

曲禮上第一　禮記　鄭氏注

曲禮曰毋不敬禮主於敬儼若思儼矜莊貌人之坐思貌必儼然安定辭審言語也易曰言語者君子之樞機安民哉此上三句可以安民說曲禮者美之云耳敖不可長欲不可從志不可滿樂不可極四者慢遊之道桀紂所以自禍賢者狎而敬之狎習也近也謂附而近之習其所行也月令曰雖有貴戚近習畏而愛之心服曰畏曾子曰吾先子之所畏愛而知其惡憎而知其善謂凡與人交不可以己心之愛憎誣人之善惡積而能散謂已有蓄積見貧窮者則當能散以賙救之若宋樂氏安安而能遷謂已今安此之安圖後有害則當能遷晉舅犯與姜氏醉重耳而行近之臨財毋苟得爲傷廉也臨難毋苟免爲傷

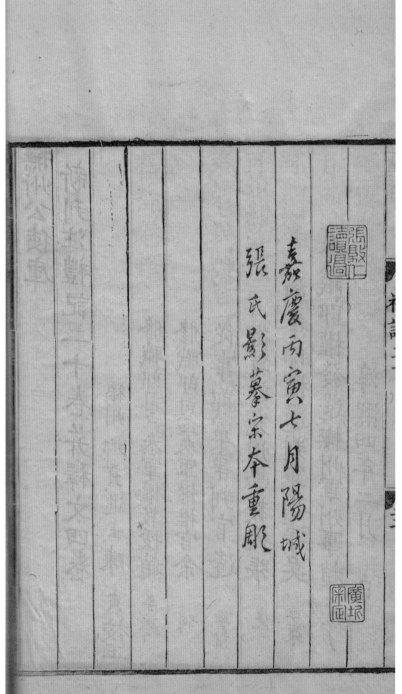

嘉慶丙寅七月陽城
張氏影摹宋本重雕

禮記釋文

唐國子博士兼太子中允贈齊州刺史吳縣開國男陸德明撰

曲禮第一

本或作曲禮上者後人加也檀弓雜記放此曲禮者是儀禮之舊名委曲說禮之事

禮記 此記二禮之遺闕故名禮記

鄭氏注

毋不敬 音無說文云止之詞其字從女內有一畫象有姦之形禁止之勿令姦古人云毋猶今人言莫也案毋字與父母字不同俗本多亂讀者皆朱點母字以作無音非也後放此疑者特復音之 嚴 魚檢反本亦作儼同矜莊皃 若思 如字徐息嗣反 矜莊 居冰反 樞機 昌朱反 敖 五報反慢也王肅五高反 遨遊也 不可長 丁丈反盧植馬融王肅並直良反 欲不 如字一音喻 可從 足用反放縱也 樂不 舊音洛皇侃音岳 可極 如字皇紀力反 桀 其列反夏之末主名癸 紂 直丑反殷之末主名辛 狎而 戶甲反習也近也 近也 附近之近下注內不出者皆同 貴傶 音戚本亦作戚

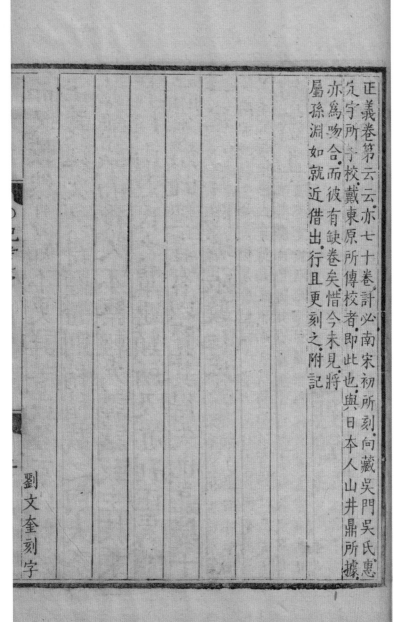

正義卷第云云。亦七十卷。許必南宋初所刻。向藏吳門吳氏惠定宇所手校。戴東原所傳校者。即此也。與日本人山井鼎所據。亦爲吻合。而彼有缺卷矣。惜今未見。將屬孫淵如就近借出。行且更刻之。附記

劉文奎刻字

撫本禮記鄭注考異上

陽城張敦仁

曲禮上 岳本十行以來本皆同此。唐石本無上字。嘉靖本亦然。案有者出於正義。無者出於釋文。各見本書。又案但於下題之。自足分別。不必預題上也。釋文是矣。檀弓雜記同

注晉舅犯 嘉靖本同此。岳本十行以來本舅皆作咎。釋文作咎。案今正義中字作舅。是其本如此也。

分爭辨訟 唐石本初刻辯後改同此。釋文作辯。案禮之用字。以辯爲偏。其辨訟字。作辨乃相別。此唐石本必磨改之意也。嘉靖本同此。岳本作辯非。俗注疏本辨辯多錯互。尤誤

供給鬼神 唐石本初刻同此。後改共。釋文作共

是故聖人作 唐石本故作以

注尤輕佻志利 各本佻作恌。唯傳校葉鈔釋文作佻。與此合

二十曰弱 唐石本二十作廿。下三十作卅。餘盡如此。案此五經文字所謂廿今以爲二十字。卅今以爲三十字者也。他本皆不爾

注安定其牀衽也 嘉靖本岳本安定皆作定安。山井鼎所據宋板注疏亦然。

檀弓辨誣 三卷

清夏炘撰

咸豐五年原刻本

此書書版後在同治年間與夏氏其他書版彙印爲《景紫堂全書》，此本

字跡清晰，應是雕鐫初成後單行印本。

版框高一七九毫米，寬一二二毫米。白口。

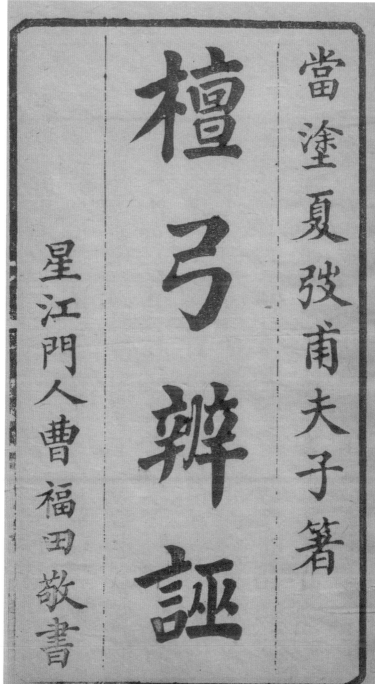

當塗夏弢甫夫子著

檀弓辨誣

星江門人曹福田敬書

檀弓辨誣自敘

檀弓一書專爲詆訾孔門而作也戴次君無識列諸四十六篇之中後儒雖有疑其說者往往震於古書莫敢攻詰但以爲記禮者之失而已余素好檀弓之文誦之極熟久而覺其誣妄且誣妄者非一端如以爲記禮之失不應所失者盡在孔氏一門及其門下之高賢弟子也聖人之道造端夫婦故易首乾坤詩首關雎王化之所以肇基也而檀弓則造爲三世出妻以誣之幼而無父謂之孤瞻言松楸其永慕也何極而檀弓則造爲不知父墓以誣之士喪禮筮宅之詞曰無有後艱愼終於葬豈宜

檀弓辨誣卷之上

當塗夏炘弢甫學

辨孔子出妻之誣

伯魚之母死期而猶哭夫子聞之曰誰與哭者門人曰鯉也夫子曰嘻其甚也伯魚聞之遂除之

孔氏正義曰時伯魚母出父在爲出母亦應十三月祥十五月禫言期而猶哭則是祥後禫前祥外無哭於時伯魚在外哭故夫子怪之恨其甚也或曰爲出母無禫期後全不合哭

炘按檀弓欲誣聖人之出妻又不肯明言故約略記之

夏小正一卷

宋金履祥注　清張爾岐輯定　清黄叔琳增訂

約乾隆、嘉慶間刻本

《夏小正》是上古時期重要天文文獻，原收録於《大戴禮記》。傳世《大戴禮記》頗有混淆戴氏傳文與《夏小正》本文之處，清初張爾岐據宋人金履祥注本釐定其書本文及傳注文字，黄叔琳復加增訂，以成此書。此本卷末鐫有『學山園張氏校定正本』題記。《販書偶記》著録此書有『乾隆間愛蓮書屋刊』本，未及覈定與此本關係如何。

版框高一六二毫米，寬一一五毫米。黑口。

夏小正

漢戴德傳　宋金履祥註

濟陽張爾岐稷若輯定

北平黃叔琳崑圃增訂

傳曰何以謂之小以小著名也註曰小正記候之書謂之小則固非其大也孔子得夏時以說夏禮必有大於此者觀周單子所述夏令時儆則當時必有制度教條之詳不可得聞矣又曰戴德作傳與正文合朱子儀禮別出之張氏曰仁山綱目前編據朱子所定繫夏禹元年正月下而別爲之註與傳頗異同今並錄之得失互形自見按竹書記年夏后氏帝禹元年正月朔頒小正即是書舊傳或云子夏作謬也

夏小正分箋一卷

清黄模撰

嘉慶二十二年原刻本

此本寫刻，字體端麗。印本稀少，頗難得。《販書偶記》著録黄模撰有『《夏小正分箋》四卷、《異議》二卷』，『約嘉慶間刊』，與此編作一卷本者顯非一書。

版框高一九六毫米，寬一三三毫米。黑口。

夏小正分箋

錢唐黃模學

春

正月 正音征又如字。子曰虞夏之麻建正於孟春

啟蟄 蟄讀如什。月令蟄蟲始振周書時訓為立春第二候左傳曰凡祀啟蟄而郊孔穎達曰夏小正正月啟蟄故漢氏之始以啟蟄為正月中雨水為二月節及太和以後更改氣名以雨水為正月中驚蟄為二月節以迄于今踵而不改

言始發蟄也 虞史伯夷曰冰泮發蟄魯語曰大寒降土蟄發徐巨源觧曰啟發也前此墐戶矣

家禮辨定十卷

清王復禮撰

嘉慶十七年陳蘭芝刻本

王氏係康熙時人，此書嘗採入四庫館而被列入存目書中。杜澤遜《四庫存目標注》著錄南京圖書館藏有康熙四十七年刻本，而《四庫全書存目叢書》乃據光緒二年九思堂刻本影印。所謂康熙刻本是否屬實不得知，惟此嘉慶刻本亦頗罕見，杜氏《四庫存目標注》未予著錄。

版框高一六七毫米，寬一二五毫米。白口。

嘉慶壬申年鐫

嶺南陳芝蘭鑒定

朱子家禮辨定

文畬德記藏版

家禮辨定題詞書札

蕭山同學弟毛奇齡

先王以四術立教。曰詩書禮樂。而實則詩書存而禮樂亡。夫子說夏殷之禮。杞宋無徵。而韓宣子聘魯僅以易象春秋驗周禮之存。是以王朝旣無禮官掌故頒成一書。而士禮騎駮。又並無一通全儀節可依之行事。是言禮而實無禮。及後儒有作。不特喪祭重禮如祠堂宗子殯寢祔廟諸大節。一概差錯。卽鼎俎瘞燎衰麻壓室諸細務。瑣屑亦且乖舛無狀。以致子不奉父。嫠妻不祔夫。墓主製同于夯契。喪冠示若橋道

家禮辨定卷之一

羊城陳蘭芝拂霞氏敬梓

冠禮 五禮中屬嘉禮

【事宜】

冠義

冠義云凡人之所以爲人者禮義也禮義之始在於正容體齊顏色順辭令是故古者聖王重冠將責成人禮焉也冠者禮之始也嘉事之重者也郊特牲云適子冠於阼以著代也家語云冠者成身之始也身莫重於元首元首重而後百體從之故冠而後服備

晉陽明備錄不分卷

清李鍾俊等撰

光緒八年山西濬文書局原刻本

是書記山西文廟、關帝廟、文昌宫諸祭祀器具陳設樂舞，且多配圖示意，是研究清末地方禮儀制度的重要資料。

版框高一七八毫米，寬一二二毫米。白口。

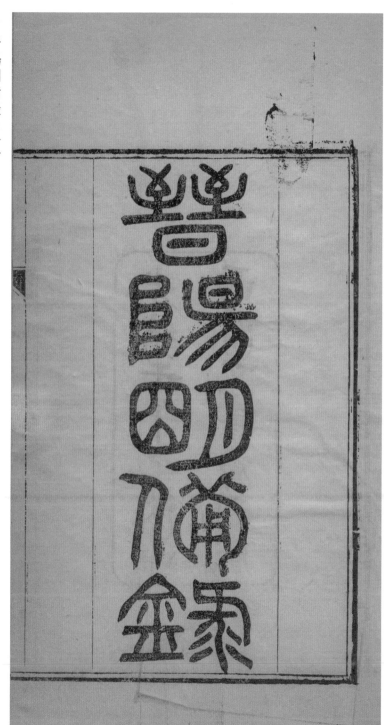

晉陽明備錄

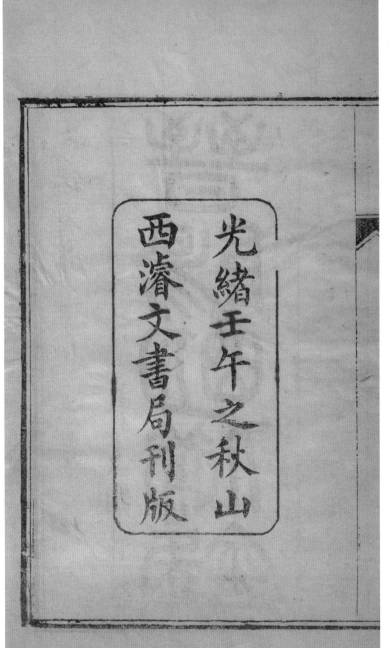

光緒壬午之秋山
西濬文書局刊版

文廟禮器

太尊一　犧尊一　象尊一　山尊一
雲雷尊一　著尊二　壺尊一　酒尊五
水尊二　龍勺八　龍羃三　尊羃七
爵大二十二中二十七　爵墊三　登一　鉶十二
簠二十二　簋二十二　籩九十　豆九十
篚十六　香盒十六　祝版二　饌盤十六
竿一　彝一　茅沙池一　毛血碟十六

舞譜
升
正立羽籥如十字
堂
正面右足勾後兩手高舉羽籥斜交

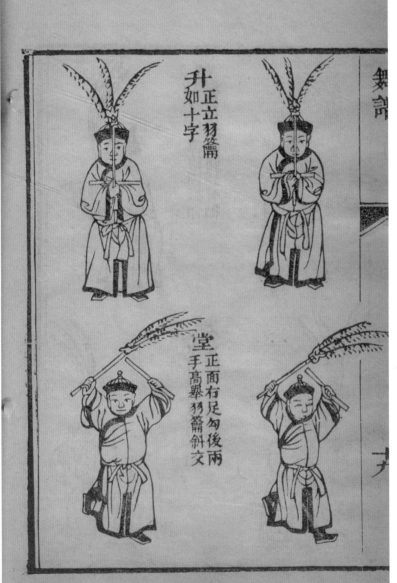

在正立干居左戚居右下垂

茲向西東身衡俯左右足交於右左干戚偏右左

一三三

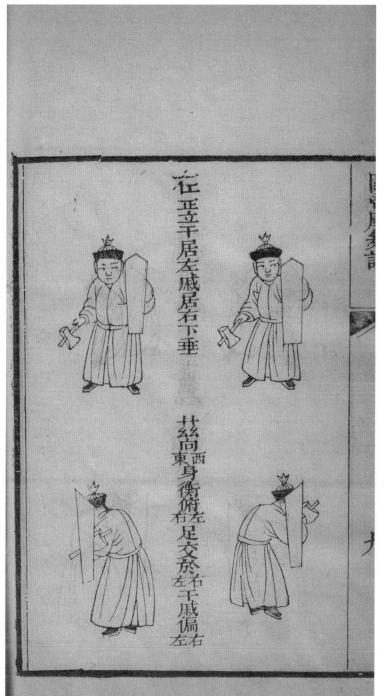

春秋正旨一卷

明高拱撰

康熙二十六年籠春堂刻本

是書有明萬曆間原刻本。《四庫提要》謂『是編之作，蓋以宋以來説《春秋》者穿鑿附會，欲尊聖人而不知所以尊，欲明書法而不知所以明，乃推原經意，以訂其謬。首論《春秋》乃明天子之義』云云，不外乎書生論學之見。實則高氏之言乃針對當時宫廷政治鬬爭，有爲而發，余購置此書，即着意於此。傅增湘《藏園訂補郘亭知見傳本書目》未著録此本。

版框高一八四毫米，寬一四二毫米。白口。

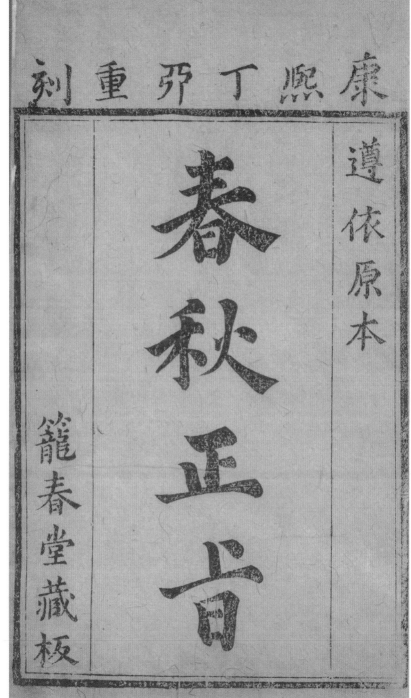

康熙丁卯重刻

遵依原本

春秋正旨

籠春堂藏板

春秋正旨序

莫大乎君臣之義而天子天下之大君也莫大乎聖人之道而孔子天下之至聖也則尊王之義宜無如孔子者是故懼亂賊之有作而春秋作焉以植天經以扶人紀正所以尊王也而後儒不察以爲孔子託南面之權以賞罸天下其説既成乃沿襲至今無復能辨之者遂使冠履倒置大義淪亡曲議横流大道晦蝕抑又可懼也已然此何所始哉孟子云春秋天子之事也

春秋正旨

新鄭高　拱著　胞侄　曾孫有聞重較刊

或問孟子云春秋天子之事也是故孔子曰知我者其惟春秋乎罪我者其惟春秋乎胡氏曰仲尼作春秋以寓王法惇典庸禮命德討罪其大要皆天子之事也知孔子者謂此書之作遏人欲於橫流存天理於既滅爲後世慮至深遠也罪孔子者以謂無其位而託二百四十二年南面之權使亂臣賊子禁其欲而不得肆則戚

左傳杜解補正三卷

清顧炎武撰

康熙年間《亭林遺書》原刻本

是本寫刻精美，且屬乾隆年間著名學者吴玉搢舊藏。吴氏通篇點讀，並略有批注。鈐『玉搢』朱文方印、『山夫』白文方印。

版框高一八七毫米，寬一四一毫米。白口。

左傳杜解補正卷上

北史言周樂遜著春秋序義通賈服說發杜氏違今杜氏單行而賈服之書不傳矣吳之先達邵氏寶有左觽百五十餘條又陸氏粲有左傳附注傅氏遜本之爲辨誤一書今多取之參以鄙見名曰補正凡三卷若經文大義左氏不能盡得而公穀得之公穀不能盡得而啖趙及宋儒得之者則别記之於書而此不具也東吳顧炎武

隱元年莊公寤生驚姜氏　解寐寤而莊公已生恐無此事應劭風俗通曰兒墮地能開目視者爲寤生

春秋左傳杜注三十卷首一卷

清姚培謙撰

乾隆十一年蘇州陸氏小鬱林精刻原刊本

其書以杜預舊注爲基礎，兼引唐孔穎達疏，並旁採唐宋以迄明清諸家注釋，薈萃爲一書。書寫刻甚精，初印。卷末鐫『乾隆丙寅夏五月吴郡小鬱林陸氏雕版王日煥錄』雙行題記。佚名通篇朱筆批注，極端謹，重在辭章。

版框高一六七毫米，寬一一八毫米。白口。

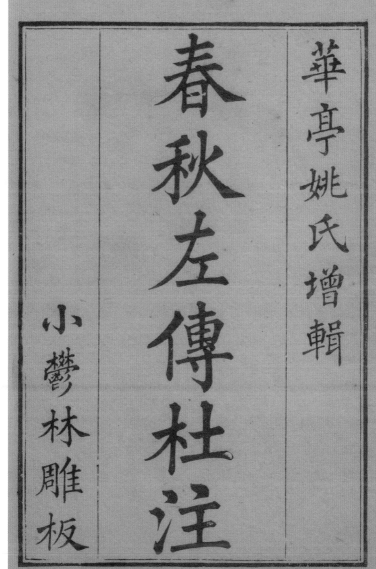

華亭姚氏增輯

春秋左傳杜注

小鬱林雕板

聖人之意以仲子再娶不可為夫人隱公實長而桓行弒故托始于隱公以示討桓之意左氏非此數語鐵案如山斷隱桓鮮不以此為疑是知春秋之初傳之好惡未嘗有悖聖情後乃漸失其義或綴不當情或頗與經悖蓋書出兩手後之為傳者不得望前之項背也

短文每以腰節起勢

不言少而少在其中

春秋左傳杜注卷第一

華亭姚培謙學

隱公 名息姑惠公之子母聲子諡法不尸其位曰隱

傳 惠公元妃孟子 言元妃明始適夫人也子宋姓○適丁歷反 孟子卒 不稱薨不成喪也無諡先夫死不得從夫諡 繼室以聲子生隱公 聲諡也蓋孟子之姪娣也諸侯始娶則同姓之國以姪娣媵元妃死則次妃攝治內事猶不得稱夫人故謂之繼室○姪兄女娣女弟媵以證反 宋武公生仲子仲子生而有文在其手曰為魯夫人故仲子歸于我 婦人謂嫁曰歸以手理自然成字有若天命故嫁之於魯 生桓公而惠公薨 言歸魯而生男惠公不以桓生之年薨 是以隱公立而奉之 隱公繼室之子當嗣世以禎祥之故追成父志為桓尚少是以立為太子帥國人奉之為經元年春不書即位傳

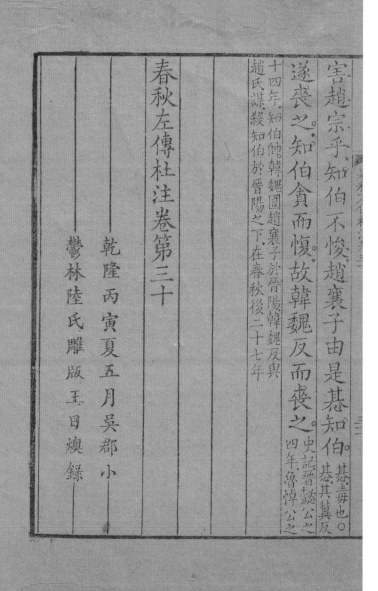

害趙宗乎。知伯不悛。趙襄子由是惎知伯。惎，毒也。惎，其冀反。遂喪之。知伯貪而愎。故韓魏反而喪之。史記晉懿公之四年。魯悼公之十四年。知伯帥韓魏圍趙襄子於晉陽。韓魏反與趙氏謀。殺知伯於晉陽之下。在春秋後二十七年

春秋左傳杜注卷第三十

乾隆丙寅夏五月吳郡小
鬱林陸氏雕版王曰燠錄

春秋貫一卷

清于大鯤撰

乾隆癸巳聽雨山房原刻本

此本末有乾隆三十八年劉熾跋語。無内封面及牌記，刊刻年代據《販書偶記》。其書傳本無多。

版框高一七四毫米，寬一一六毫米。白口。

春秋貫

古瀛于大鯤南溟氏著
同學諸子參閱
男淮滸校字

周十三王

平王四十九年即隱公元年也聖筆托始于是是時雅詩既亡周室不振天王以天子之尊而下賵魯妾祭伯以卿士之重而私交魯侯則王室之凌夷可知矣五十一年王崩桓王林立則魯隱之三年也是年也鄭祭足入寇桓王使武氏子求賻于魯又使凡伯來聘而戎伐之又使南季來聘十一年魯隱公見弒又使伯糾來

春秋公羊經傳解詁十二卷

漢何休撰　唐陸德明釋文

道光四年揚州汪氏問禮堂仿宋刻本

乃初印之本，不多見。稍後印者，始在何休序末刻入『道光四年孟冬朔日甘泉汪喜孫武進劉逢祿重校栞』注記。

版框高一七三毫米，寬一二一毫米。白口。

宋紹熙本
公羊傳注

揚州汪氏問礼堂栞

績失據之過哉。余竊悲之久矣。往者略依胡毋生條例〇毋音無多得其正。故遂隱括使就繩墨焉〇隱括古奪反結也

公羊穀梁二書書肆苦無善本謹以家藏監本及江浙諸處官本參校頗加釐正惟是陸氏釋音字或與正文字不同如此序釀嘲陸氏釀作讓隱元年嫡子作適歸含作唅召公作邵桓四年曰蒐作廋若此者衆皆不敢以臆見更定姑兩存之以俟知者紹熙辛亥孟冬朔日建安余仁仲敬書

春秋公羊經傳解詁隱公第一

○陸曰解詁佳買反下音古訓也

何休學○學者言爲此經之學即注述之意

元年。春。王正月○正月音征又音政後放此 元年者何諸据疑問所不知故曰者何 君之始年也以常錄即位知君之始年君魯侯隱公也年者十二月之揔號春秋書十二月稱年是也變一爲元元者氣也無形以起有形以分造起天地天地之始也故上無所繫而使春繫之也不言公言君之始年者王者諸侯皆稱君所以通其義於王者惟王者然後改元立號春秋託新王受命於魯故因以錄即位明王者當繼天奉元養成萬物 春者何獨在王上故執不知問 歲之始也以上繫元年在王正月之上知歲之始也春者天地開辟之端養生之首法象所出四時本名也昬斗指東方曰春指南方曰夏指西方曰秋指北方曰冬歲者揔號其成功之稱尚書以閏月定四時成歲是也○辟婢亦反本亦作闢稱尺證反下之稱卑稱同 王者孰謂孰誰也欲言時王則無事欲言先王又無謚故問誰謂 謂文王也以上繫王於春知謂文王也文王周始受命之王天之所命故上繫天端方陳受命制正月故假以爲王法不言謚者法其生不法其死與後王共之人道之始也 曷爲先言王而後言正月据下秋七月天王先言月而後言王 王

春秋公羊經傳通義十一卷敘一卷

清孔廣森撰

嘉慶十七年孔廣廉原刻本

此書爲清儒研治公羊學名著，亦孔氏本人最爲愜意的著作。身後由乃弟廣廉付梓，並續刻作者其他書稿，與業已刊行的《大戴禮記補注》等書，彙印爲《顨軒孔氏所著書》。寒齋所藏乃雕版初竣後最初刷印之本，字跡刀痕爽利，墨色鮮亮，尚未添入阮元所撰序文，殊難得。鈐『古杭邵章倬盦藏書記』朱文長方印，知爲邵章舊藏。

版框高一八二毫米，寬一五〇毫米。黑口。

公羊春秋經傳通義十一卷敘一卷

第一種

顨軒孔氏所著書凡六十卷

公羊春秋經傳通義十一卷　序一卷

大戴禮記補注十三卷　序錄一卷

詩聲類十二卷　分例一卷

禮學卮言六卷

經學卮言六卷

少廣正負術內外篇六卷

駢儷文三卷

春秋公羊經傳隱公第一

公羊通義　卷之一

何氏解詁　孔廣森謹案

元年春王正月

元年者何解詁曰諸據疑問所不知故曰者何謹案春秋本公羊子口受說于子夏以傳其子平平傳地地傳敢敢傳壽凡五世至漢景帝時乃與齊人胡母子都著於竹帛以先師口相授受解釋其義故傳皆爲弟子疑問之辭諸疑或直問所不知即曰者何曰孰謂或据彼難此則如曷爲何以其言某何此何以書之等何氏各於當文目其所据閒有失者頗竊裨損焉君之始年也爾雅曰元始也天子諸侯通稱君古者諸侯分土而守分民而治有不純臣之義故各得紀元於其境內而何邵公猥謂唯王者然後改元立號經書元年爲託王於魯則自蹈所云反傳違戾之失矣春者何歲之始也此周之春也周人以斗杓初昏建子之月爲歲始般

春秋穀梁傳時月日書法釋例一卷

清許桂林撰

道光二十五年原刻本

許書係闡釋《穀梁傳》時月日書法體例名著。此原刻本殊罕見。

版框高一八〇毫米，寬一四五毫米。白口。

春秋穀梁傳時月日書法釋例

道光二十五年秋七月 吳廷颺書耑

春秋穀梁傳時月日書法釋例　海州許桂林學

總論

穀梁傳與公羊傳皆謂春秋書法以時月日爲例而穀梁尤備先儒多譏爲迂妄桂林通案經傳而疑其說之不可廢也張晏謂春秋萬八千字李燾謂今闕一千二百四十八字自晏時至燾時闕字如此向非穀梁有日月之例則盟昧不日公子益師卒不日蔡侯肸卒不月壬申公朝於王所不繫月必指爲張晏以後闕文矣自穀梁有傳葉夢得俞皐之徒雖疑此諸經爲缺而自不敢決人亦莫信其有功於經一也春王正月秋七月穀梁皆有傳而桓四年七年無秋冬昭十年定十四年不

春秋穀梁傳時月日書法釋例

海州許桂林學

述傳

正月

隱元年春王正月傳雖無事必舉正月謹始也

隱十有一年公薨傳隱十年無正隱不自正也元年有正所以正隱也

公羊傳隱何以無正月隱將讓乎桓故不有其正月也

桂林案春秋書正月者桓十四莊十一閔二僖十六文七宣七成九襄十三昭十四定七哀二惟隱自元年外無書正月者蓋隱將讓於桓公不以正

穀梁春秋經傳古義疏十一卷

清廖平撰

光緒二十六年成都日新書局原刻本

廖平之《穀梁》學，在清末民初，喧囂一時，在學術史特别是政治史上價值重大。此乃廖書初刻。

版框高一八〇毫米，寬一二八毫米。黑口。

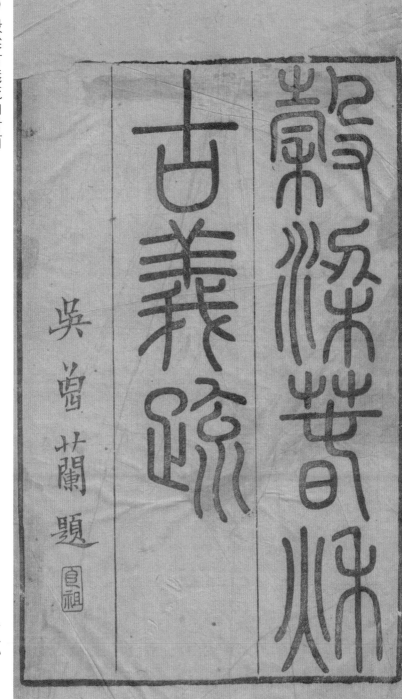

穀梁古義疏內封面

一五九

光緒庚子冬月

日新書局栞成

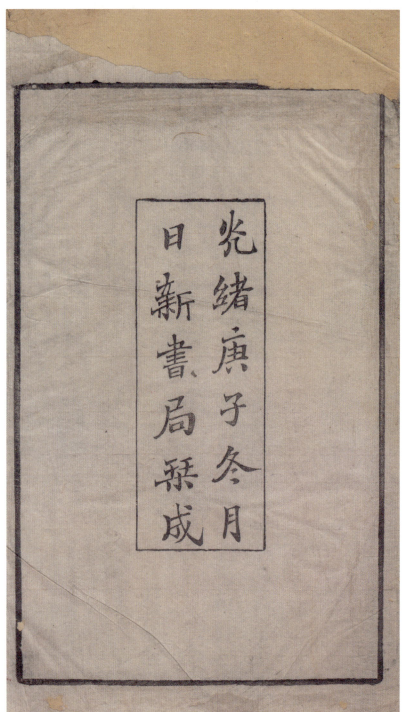

穀梁春秋經傳古義疏弟一

井研廖氏學

春秋者魯史舊名孔子有德無位繙經立教上溯皇帝王伯下俟百世聖人六藝之道取法六合詩書禮樂教分四時以易主天以春秋主地以疆宇言之春秋就九州分中外尙書及禮聲教迄于四海詩樂施于海外所謂六合之內也易專明天道兼及六合以外故大莫大于易小莫小于春秋以世代論之易無方體詩書並列各代年皆數千惟春秋乃一代專書年僅二百記世代甚少言方輿則甚狹專作一經表

三傳折諸四十四卷存左傳折諸卷六至十一、十五至十八、二十二至二十五，穀梁折諸卷首、卷一至三，計十八卷。

清張尚瑗撰

雍正元年敬足齋原刻本　《四庫全書》底本

是書寫刻精湛，印本流傳頗罕。此《四庫全書》底本，館臣校勘批抹，隨處可見。其徑行抹去不錄者，多張氏稱謂錢謙益字號如『牧齋』等，以致《四庫》本書錢氏語如作者自述，足見《四庫全書》寫本之荒唐。

版框高一八八毫米，寬一四八毫米。黑口。

欽定四庫全書

左傳折諸卷十五

吳國縣知縣張尚援撰○○

○襄公

○○晉荀偃士匄請伐偪陽板心○○○左傳折諸 卷十五

方麓云云！

凡有墨一筆者不空須楷寫餘照原本

他本而得下有當日情事之實六字

一年而盟翟泉秦小子慭又在列矣經傳皆明明可考獨其誅帶納王之時魯方睦楚而讐齊于晉之交猶未合襄王顛沛草莽告出而不及告入經文所以闕書亦可參觀而得[redacted]○嚴啟隆之說亦然且謂天王狩於河陽今温縣現有河陽驛蓋開止最好駁丘明[redacted]評似因嚴說而起相爲附和夫襄王居氾在僖二十四年會温爲二十八年畿内曠年無王與子朝之亂不相上下然傳于蒐被廬時歷叙經傳皆明明可考温爲畿内近地晉襄初立而求諸侯亦因王在温而往朝並非奔氾獨其誅帶與在温一氣云云

晉於是始啟南陽

辛雜識刊辛識
記按周密癸辛
[illegible]唐宋叢書說郛
[illegible]俱是[illegible]秋字亦同

宋端平乙未五月宜興近湖之地有二龍交闘俱墜于湖頃刻
大風駕水高丈餘二龍隨即升天出癸辛雜記

又

金主亶皇統九年四月有龍闘于榆林河水上

春王二月己丑日南至

孔疏歷法十九年為一章章首之歲必周之正月朔旦冬至僖
五年正月辛亥朔日南至是章首之歲年也計僖五年至昭十
九年合一百三十三年是為七章今年復為章首當言正月己
丑朔日南至傳乃云二月己丑日南至錯名正月為二月歷之
正法往年十二月後宜置閏月即此年正月當云二月乃其正

吳江張石里輯譔

穀梁折諸

敬足齋藏板

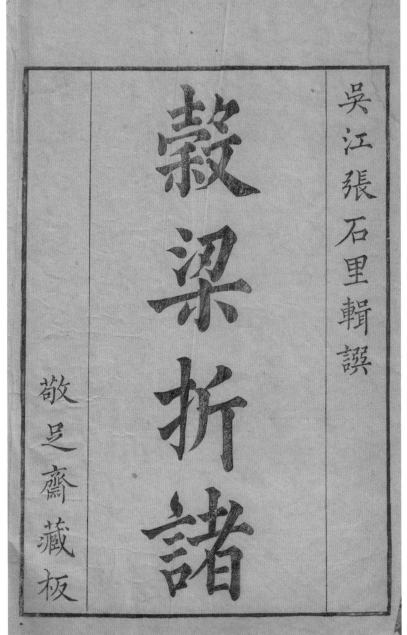

穀梁折諸卷一

吴江石里張尚瑗輯譔

隱公

雖無事必舉正月謹始也

劉向說苑魏武侯問元年于吴起吴子對曰言國君必慎始也慎始奈何曰正之正之奈何曰智不明無以見正多聞而擇焉所以明智也君身必正近臣必選大夫不兼官執民柄者不在一族此春秋之意元年之本也又引孔子曰文王似元年武王似春王周公似正月正其身以正其國正其國以正天下春致其時萬物皆及生君致其道萬人皆及治云云中壘膠東皆為

三傳異同考一卷

清林昌彝撰

同治十年廣州原刻本

書甚罕見。同刊者尚有林氏《說文注辨段》一卷。

版框高一八〇毫米，寬一三一毫米。白口。

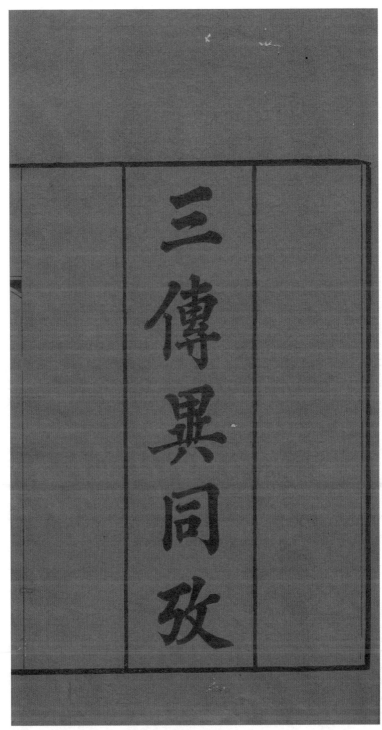

三傳異同攷

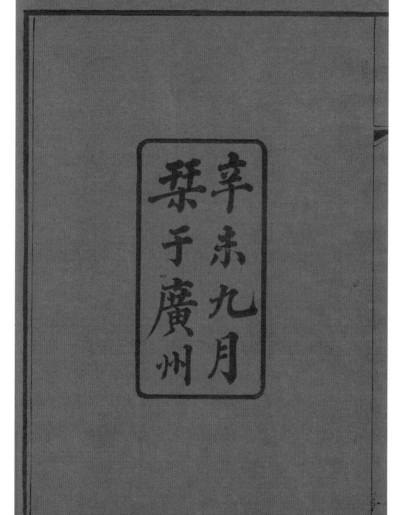

辛未九月槧于廣州

三傳異同考卷一

侯官林昌彝惠常

春秋書法微而顯志而晦筆則筆削則削游夏不能贊一詞況邱明高赤之倫哉三傳各以意解其事亦往往互異隱元年春王正月左云不書即位攝也杜預釋之謂不行即位之禮故不書即位案春秋據事直書公行即位之禮則書即位公不行即位之禮則不書即位聖人無以意筆削公羊以不言即位爲成公意與穀梁成公志解同而皆不及左之正夏五月鄭伯克段于鄢左云太叔出奔共段不弟故不言弟

春秋繁露注十七卷末附題跋附錄數篇

清淩曙撰

嘉慶二十年淩氏蜚雲閣原刻本

此書爲清人研治《春秋繁露》名著。每卷卷末鐫『金陵洪萬盈鋟』。書版後彙印入淩氏《蜚雲閣叢書》。《叢書》本增入其子淩鏞遵曙遺囑倩阮元所作序文及友朋尺牘數通。此尚是初印單行之本，殊罕見。書係當代學者袁行雲舊藏，函套有袁氏題記。

版框高一七六毫米，寬一三二毫米。白口。

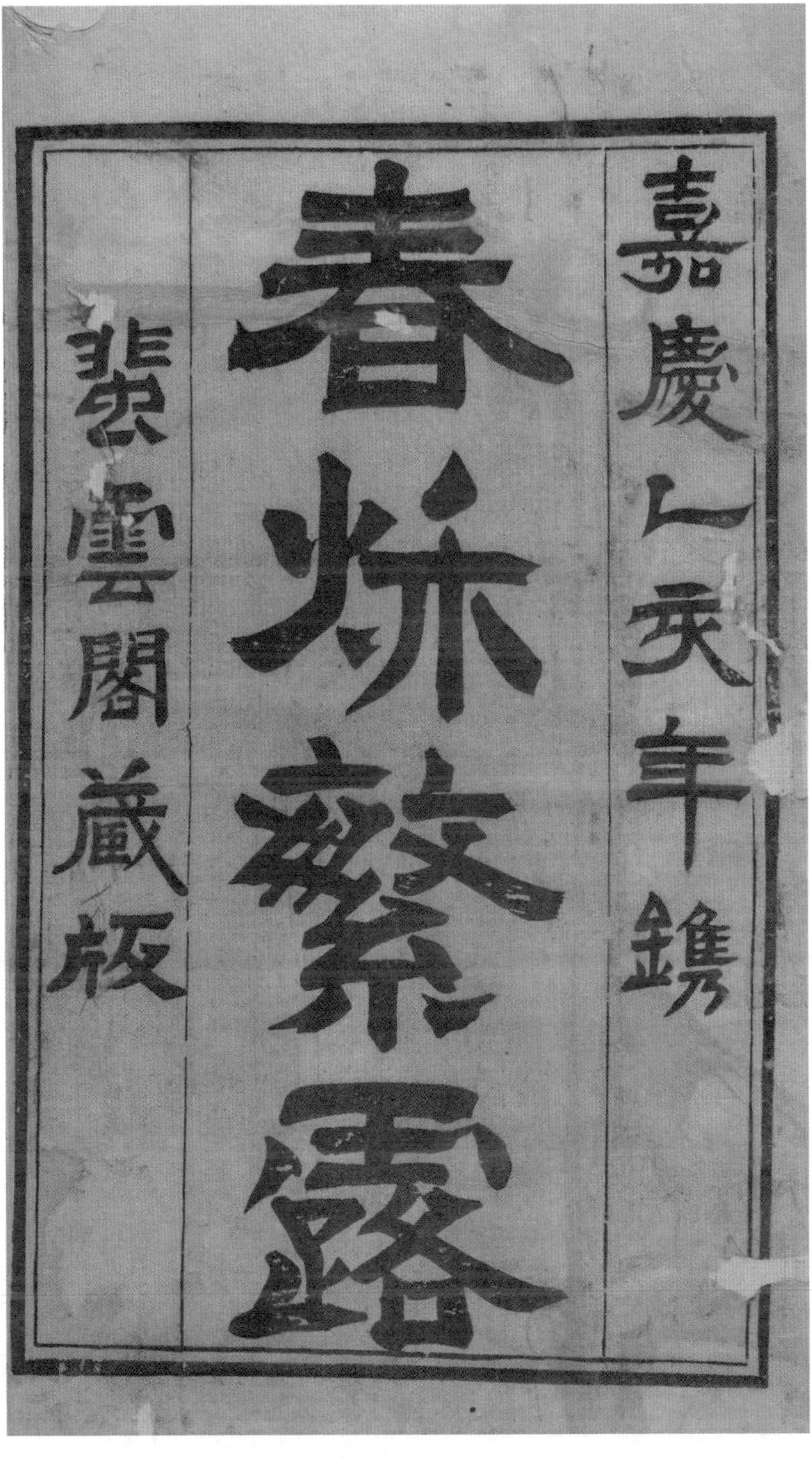

嘉慶乙亥年鐫

春秋繁露

蜚雲閣藏板

春秋繁露卷一

史記上大夫董仲舒推春秋頗著文焉索隱曰繁露逸周書王會解天子南面立絻無繁露注云繁露冕之所垂也傅物志牛亨問崔豹冕旒以繁露者何答曰綴玉而下垂如繁露也西京雜記董仲舒夢蛟龍入懷乃作春秋繁露詞周禮大司樂賈公彥疏前漢董仲舒作春秋繁露繁多露潤爲春秋作義潤益處多玉海云董仲舒春秋繁露以屬辭比事有連貫之象焉

漢　廣川董仲舒撰　江都淩曙注

楚莊王第一

樓四明云潘氏本楚莊王篇爲第一他本皆無之然則爲潘氏附著無疑

楚莊王殺陳夏徵舒春秋貶其文不予專討也徐廣曰楚在南郡枝江縣括地志云歸州巴東縣東南歸故城楚子熊繹之始國也周本紀注帝舜後遏父爲周武王陶正武王賴其器用封其子嬀滿于陳都宛邱之側宣十一年經楚人殺陳夏徵舒傳此楚子也其稱人何貶曷爲貶不與外討也不與外討者因其討乎外而不與也雖內討亦不與也曷爲不與實與而文不與文曷爲不與諸侯之義不得專討也諸侯之義不得專討則其曰實與之何上無天子下無方伯天下諸侯有爲無道者臣弒君子弒父力能討之則討

清乾嘉間公羊之學大稱顯學然不讀董
仲舒春秋繁露不能傳公羊不熟公羊
者亦不能讀繁露江都凌曉樓治學窮
經尤精公羊所注繁露諸篇皆能通究本末
世稱善本此嘉慶間和刻本極為罕覯藏於
篋中二十餘年今始展讀也一九八八年四月
二十三日武進袁行雲病後自識

五經異義疏證三卷

漢許慎撰　漢鄭玄駁　清陳壽祺疏證

嘉慶十八年王捷南原刻本

書版後在道光年間與陳氏其他書版彙印爲《左海全集》。此本版面字跡清晰，尚是早期單行印本。

版框高一七六毫米，寬一三六毫米。白口。

三山陳氏本

五經異義疏證

嘉慶癸酉春僊遊弟子王捷南校鋟

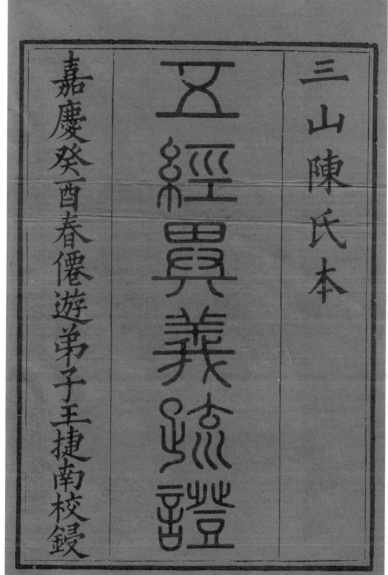

重安帝末年卒鄭玄別傳康成永建二年生鄭視許爲後進而繩糾是非爲汝南之諍友夫向歆父子猶有左穀之違何鄭同室何傷箴肓之作聖道至大百世莫殫仁者見仁智者見智蘄於事得其實道得其眞而已庸詎與夫悅甘而忌辛賤雞而貴鶩者哉今許鄭之學流布天下此編雖略然典禮之閎達名物之章明學者循是而討論焉其於昔人所譏國家將立辟雍巡守之儀幽冥而莫知其原者庶乎可免也

嘉慶十有八年癸酉春正月福州陳壽祺自序

五經異義疏證卷上

漢太尉南閣祭酒汝南許愼撰　大司農北海鄭元駁

大清奉直大夫　文淵閣校理翰林院編修　國史館纂修〔級紀錄七次〕陳壽祺　疏證

異義第五　田稅今春秋公羊說十一而稅過於十一大桀小桀減於十一大貉小貉十一稅天子之正〔蒙案當作天下之中正文見公羊宣十五年傳〕行而頌聲作故爲古〔寸誤蒙案故當〕周禮國中園廛之賦二十而稅一近郊十而稅一遠郊二十而稅三有軍旅之歲一井九夫百畮之賦出禾二百四十斛〔原注當云六百四十斛○蒙案四秉曰筥十筥曰管十管曰秉日稷以稷禾爲二百四十斛則許以秉爲六斛〕二百四十〔原注當云一百六十斛○蒙案二百四十斛爲秉秉六斛則每斛四十斛〕釜米

羣經宮室圖二卷

清焦循撰

約嘉慶間焦氏半九書塾原刻本

卷首有乾隆五十八年阮元序。版心下方鐫『半九書塾』。此書書版與

焦氏其他書版在道光年間後彙印爲《焦氏叢書》。

版框高二〇一毫米，寬一三七毫米。白口。

群經宮室圖上　　　　　　　　　揚州焦循學

群經宮室圖上　目錄

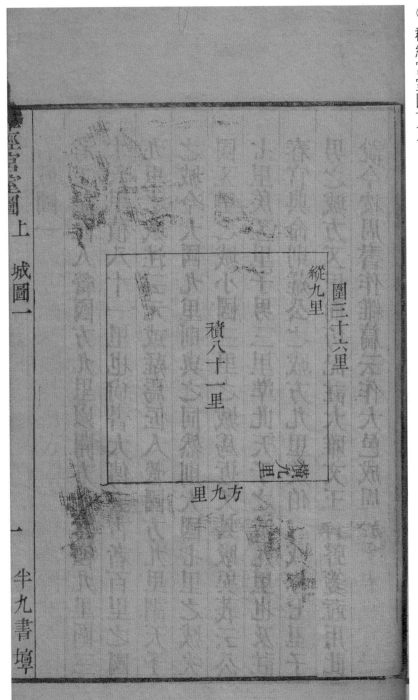

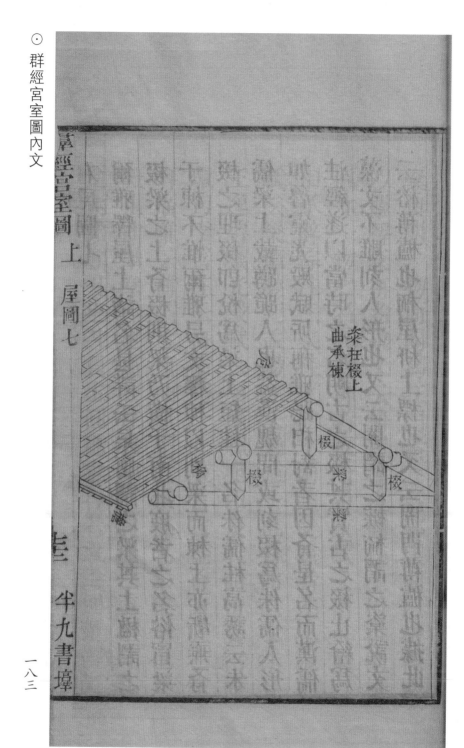

群經宮室圖 上　屋圖七

梁枉栵上
曲承棟

栵

栵

參

桴

五經小學述 二卷

清莊述祖撰

道光十六年《珍埶宧遺書》初刻本

卷末鐫記『男文灝謹校』。書不稀見，版刻亦欠佳。惟今日似此初刻原本，學者亦不易得。鈐『秀水王大隆印』白文印記，是否果屬已故海上文獻學家王欣夫藏書不可知。惟即便如彼版本學大家，若讀《五經小學述》一書，也祇能首選此本。

版框高一六五毫米，寬一二二毫米。黑口。

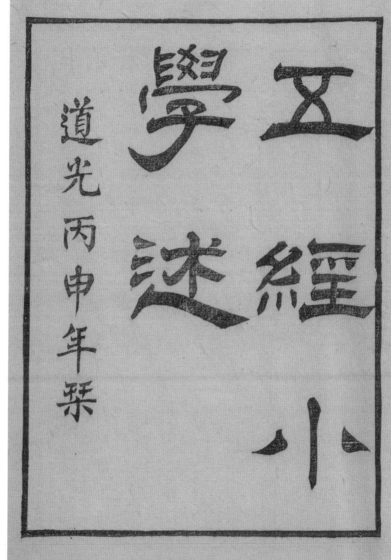

五經小學述

道光丙申年梓

五經小學述卷一　　　　武進莊述祖葆琛著　　經疏補闕

似續姙祖傳似嗣也箋云似讀如巳午之巳續姙祖

者謂巳成其宮廟也正義曰箋以似續同義不須重攴

故似讀爲巳午之巳巳與午比辰故連言之直讀爲巳

不云字誤則古者似巳字同於穆不巳師徒異讀是字

同之驗也周禮在宗廟在雉門外之左門當午地則廟

當巳地也謂旣在巳地而續立其姙祖之廟然後營宮

室故云謂巳成其宮廟也　詩疏十一之二

按說文巳巳也四月陽氣巳出陰氣巳藏萬物見成

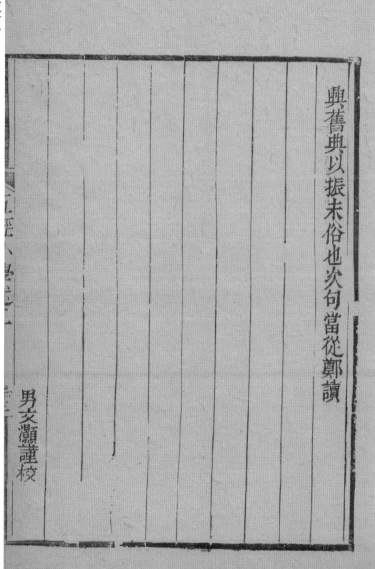

與舊典以振末俗也次句當從鄭讀

男亥灝謹校

漢書引經異文錄證六卷

清繆祐孫撰

光緒十一年原刻本

尋常方體字巾箱小本，且刊於清末，藏書家不之重。惟《漢書》時代既早，今傳本文字復多存古本舊貌，書中所引經文，對經書經學研究固有特別意義。此書輯錄《漢書》引經而加以箋證，學者自當重視，而小書單刻，最易逸失，今得以置備案頭，亦屬幸事。

版框高一五一毫米，寬一一一毫米。黑口。

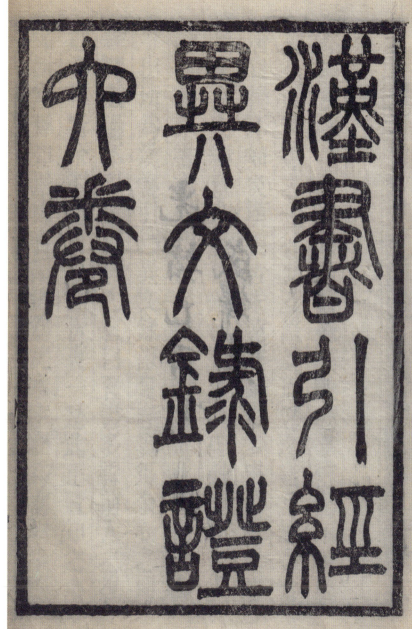

光緒乙酉刻

盛鐸署

漢書引經異文錄證卷一

江陰繆祐孫學

顏師古曰六經殘破學者異師文義競馳各守所
見而馬鄭羣儒皆在班楊之後向歆傳學又居王
杜之前校其是非不可偏據其漢書引經與近代
儒家往往乖別既自成義指卽就而通之庶免守
株以申賢達之意是則班史所引諸經其與今本
異者皆出古載籍與夫先漢師說焉卽服應晉孟
諸家去古未遠注文所載亦考訂之資承學之士
惡可曶諸取而識之閒爲徵引他說以廣厥義成

公是先生七經小傳三卷

宋劉敞撰

清康熙刻《通志堂經解》初刷捈印本

此書爲體現北宋學術風氣轉換的代表性著述，標誌着唐代以來『守訓詁而不鑿』的局面已被打破，諸儒開始獨立考索經義。今習見者有《續古逸叢書》及《四部叢刊續編》影印宋本，康熙時則別無通行之本可讀。此本極初印，係捈去版心下方『通志堂』三字而佳紙特印以饋送友人者。鈐『明善堂覽書畫印記』白文長方印，乃清怡親王弘曉舊藏。版框高一九五毫米，寬一四五毫米。白口。

公是先生七經小傳卷上

尚書

堯典曰申命羲叔宅南交說者曰春與夏交非也冬
與秋交秋與夏交春與冬交亦何不曰西交北交
東交平且春曰嵎夷曰暘谷秋曰宅西曰昧谷冬
曰朔方曰幽都此皆指地而言不當不一於夏獨以
氣言也本蓋言宅南曰交阯後人傳寫脫兩字故
爾非真也春云宅嵎夷秋云宅西推秋之西而知
嵎夷爲東也夏云宅南冬云宅朔方推夏之南而
知朝方爲北也此蓋堯舜時四境所至四岳所統
也故舉以言爾

經傳禘祀通考 一卷

清崔述撰

嘉慶二年陳履和映薇堂原刻本

此書係一代名著，後在道光四年重刻，以入《崔東壁遺書》。此嘉慶原刻本極罕見。

版框高一九八毫米，寬一三二毫米。白口。

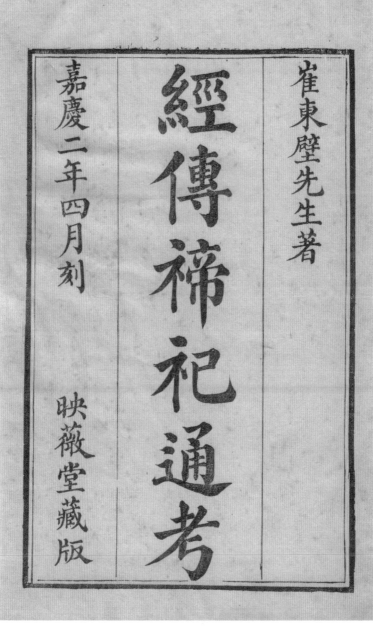

崔東壁先生著

經傳禘祀通考

嘉慶二年四月刻

映薇堂藏版

經傳禘祀通考

大名崔述東壁著

石屏受業門人陳履和校刊

禘之為禮先儒說者紛然愈變而其說愈巧愈巧而

其真愈失大抵近世以來人所通行而共守者有三

其一以為不王不禘嘗之禘為僭禮說本喪服小記

其一以為禘乃殷祭之名三年一祫五年一禘說本

春秋說文自何鄭以來皆用之唯杜氏以為三年一禘其說小異其

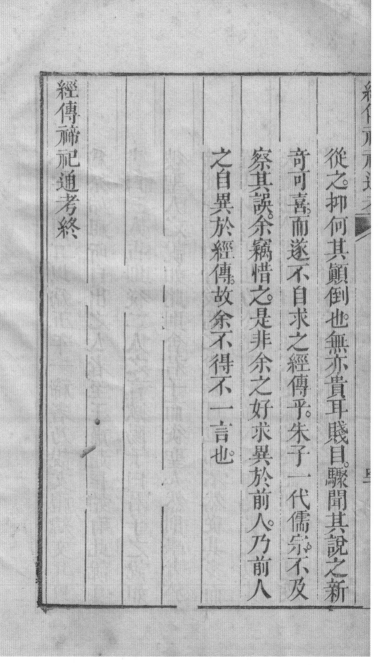

從之抑何其顛倒也無亦貴耳賤目驟聞其說之新

奇可喜而遂不自求之經傳乎朱子一代儒宗不及

察其誤余竊惜之是非余之好求異於前人乃前人

之自異於經傳故余不得不一言也

經傳禘祀通考終

王政三大典考三種三卷

清崔述撰

道光四年陳履和東陽縣署鑴《崔東壁遺書》本

含《經傳禘祀通考》一卷、《三代經界通考》一卷、《三代正朔通考》一卷。雖屬叢書零種，然而崔氏之疑古考信方法，對後人影響甚大，其著述因求之者甚眾，即此零本單冊，亦不易得。

版框高一八九毫米，寬一二九毫米。白口。

大名崔東壁先生著

經傳禘祫通考

道光四年正月東陽縣署中刻

經傳禘祀通考

大名崔述東壁著　　　　石屏門人陳履和校刊

禘之為禮先儒說者紛然愈變而其說愈巧而

其真愈失大抵近世以來人所遍行而其守者有三

其一以為不王不禘魯之禘為僭禮說本喪服小記

其一以為禘乃殷祭之各三年一祫五年一禘說本

春秋說文自何鄭以來皆用之　唯杜氏以為三年其

一禘其說小異

一以為專祭始祖所自出之帝周禘嚳而配以稷魯

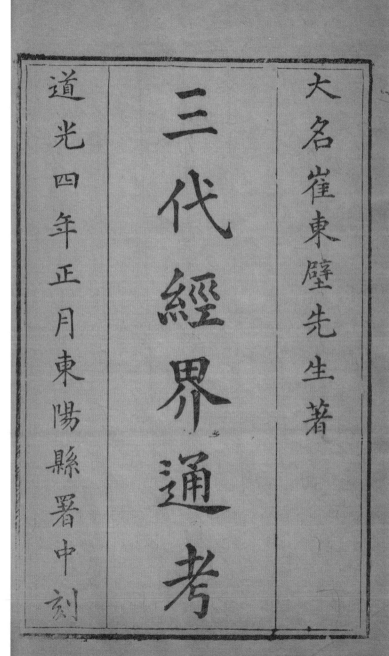

大名崔東壁先生著

三代經界通考

道光四年正月東陽縣署中刻

三代經界通考

大名崔述東壁著　　石屏門人陳履和校刊

三代經界之制具於孟子而雜見於論語詩書春秋經傳之

文漢晉以來儒者相承而發明之不可謂無功矣然自周之

衰王制缺微舊典散失學士之所稱述或不免有傳聞附會

之言及至後世去古益遠盆不悉其時勢之詳或以近代郡

縣之規裁中古封建之世或以春秋既變之法爲先王初立

之章至於先儒之說與經傳相齟齬者咸莫敢議其失往往

其說未備乃復增而次之間有前八之所已言而未暢其

旨者悉仍其意而更著之不分篇帙但以文義相次命曰

三代正朔通考以待好學之士而貽之乾隆巳酉仲春崔

述自識　此書於嘉慶丁巳刻於江西南昌今秋考信

錄既成復取而閱之仍有未愜心處因復有所刪改其先

後亦頗有所更定乃復錄而存之計距巳酉又十六年矣

嘉慶乙丑季秋述又識　　　道光四年東陽署中刻

三代正朔通考終

鳳氏經說 三卷

清鳳韶撰

道光元年粵東原刻本

書不多見，且初印。卷首有李兆洛序，而此本書衣有題記，乃道光元年初印成書時李氏贈送友人之物。

版框高一八三毫米，寬一三四毫米。白口。

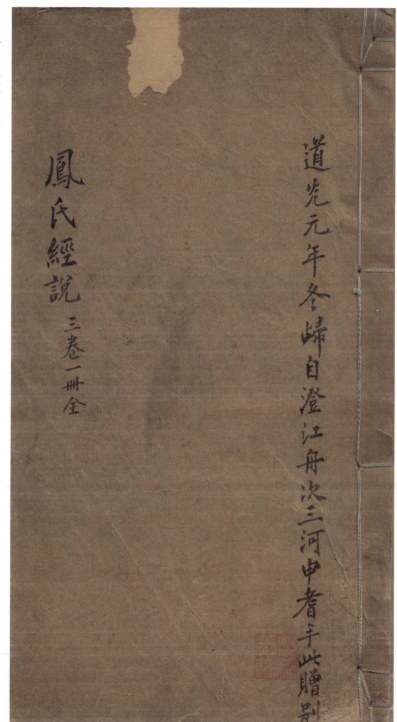

道光元年冬嵃自澄江舟次三河中耆手此贈別

鳳氏經說 三卷一冊全

鳳氏經說二卷

道光元年刻于粵東

鳳氏經說卷一

江陰鳳韶著

宗法

先王爲大夫士立有宗法義取尊祖收族也大傳曰別子
爲祖繼別爲宗繼禰者爲小宗以魯事方之如桓公子季
友爲大夫是爲別子別於正適莊公繼世君國也爲祖大
夫不得祖諸侯別子之適子孫世世祖此始爲大夫者爲
太祖也繼別別子之適子孫也爲宗自別子之適子始雖
歷百世族人咸奉其適爲宗也繼禰如季友庶子之適祭
庶子者也亦曰宗同庶子出之兄弟宗焉曰小宗之者但

讀經求義四卷

清張維屏撰

嘉慶二十一年聽松廬原刻本

書分四卷，《詩》三卷，《禮》一卷，各卷卷端尚未刻入卷次，各篇之末亦多存墨版待鏟。卷首作者自序，謂『偶有會心，隨筆記之，復刪之末亦多存墨版待鏟。卷首作者自序，謂『偶有會心，隨筆記之，復刪存其半，付梓人以代胥鈔，剞劂未竣，驪駒在門，遂攜置行篋，藉以就正有道』云云，知乃雕鐫未畢，有待終定者，故印本世不多見。

版框高一五九毫米，寬一三五毫米。白口。

讀經求義

嘉慶二十一年梓

聽松盧藏板

序

孔門教人博文約禮文莫大於六經古人有殫畢生
之精力而未能闚一經之蘊奧者矣治經豈易言哉
顧自漢以來說經者眾其間異同分合每多蓄疑爰
於溫習之餘博稽參考以求其義偶有會心隨筆記
之復刪存其半付梓人以代胥鈔剞劂未竣驪駒在
門遂攜置行篋藉以就正有道非敢謂於經學少有
得也嘉慶二十有一年冬十月朔番禺張維屏

讀經求義　　　　　　　　　　番禺張維屏學

詩

　關雎

關雎后妃之德也德者何也求淑女也淑女者何也

謂嬪妾也嬪妾可稱淑女乎曰可詩言彼美淑姬言

淑人君子淑者詩人之恆言耳非必后妃始稱淑而

嬪妾不可稱淑也嬪妾可稱好逑乎曰可逑匹也詩

言公侯好仇言帅由羣匹武夫可言匹羣臣可言匹

禮堂經說 二卷

清陳喬樅撰

道光同治間《左海續集》原刻本

具體刊刻年代待考。此本字跡清晰，墨色鮮明，應屬初印之本。版心魚尾下卷次之「卷」字存墨釘未刊。書版後彙印入道光同治間雕印之《左海續集》。

版框高一七六毫米，寬一三五毫米。白口。

禮堂經說

禮堂經說卷上

福州陳喬樅學

周禮一獻三酬當一豆合於儀禮壹獻獻酬之數

說

攷工記梓人云爵一升觚三升獻以爵而酬以觚一獻
而三酬則一豆矣鄭注觚豆字聲之誤觚當爲觶豆當
爲斗賈疏引許氏爵制今韓詩說一升曰爵二升曰觚
三升曰觶四升曰角五升曰散古周禮說亦與之同謹
按周禮一獻三酬當一豆卽觚二升不滿豆矣鄭駁之
云觶字角匆著辰汝頴之間師讀所作今禮角匆單古

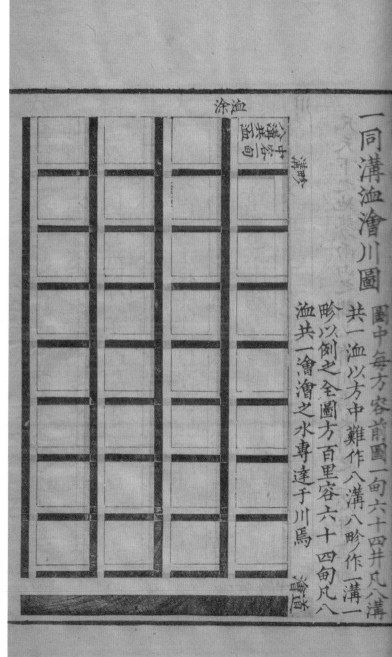

一同溝洫澮川圖

圖中每方容前圖一甸六十四井凡八溝共一洫以方中難作八溝八畛作一溝一畛以例之全圖方百里容六十四甸凡八洫共一澮澮之水專達于川焉

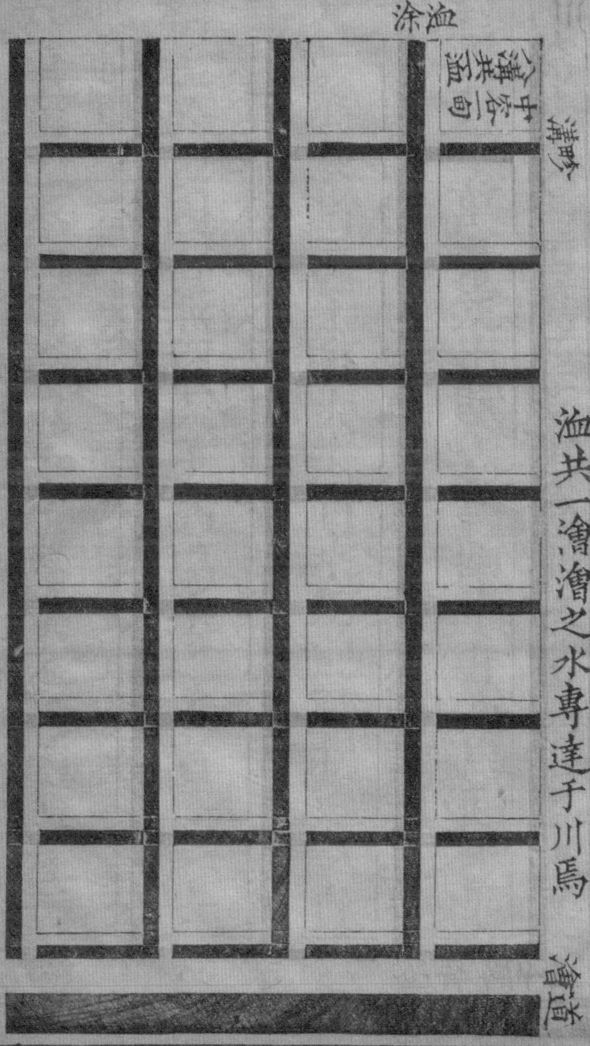

羣經識小 八卷

清李惇撰

道光六年李惇子培紫安愚堂原刻本

此本刊刻精整，墨色明晰，係初印佳本。其書卷四『方策』條論古書形制，謂『簡狹而長，編簡者當於簡頭爲孔，按其次第，以韋貫之，夫子讀《易》，韋編三絕，是也』，出土簡札實物，證明所說符合歷史實際。

版框高一八二毫米，寬一四〇毫米。白口。

高郵李氏著

羣經識小

安愿堂藏板

飲食衣服宮室器皿之制皆攷定精審而言之鑿鑿故
能以古義之宏深啟後學之錮蔽使沈溺俗說者一見
而失其所守學識通明者一見而曠然大變其發聾振
瞶之功豈可一二數哉是宜傳之百世使家有其書人
知其說則晚近鑿空之論謭陋之學無自而囿學者之
耳目而舊說之閒有未當者亦得去非從是而不至爲
成見所拘矣道光六年五月八日王念孫敘嘗年八十
有三

群經識小卷一

高郵李惇著

周易篇次

古有三易今所傳者周易也周易有王注有程傳今人
所讀者朱子之本義也而其篇次皆非朱子之舊謹案
本義云經則伏羲之畫文王周公之辭也并孔子所作
之傳凡十二篇中間頗爲諸儒所亂近世晁氏始正其
失而未能盡合古文呂氏又更定著爲經二卷傳十卷
乃復孔氏之舊云夫朱子於既亂之後訂而正之可謂
精矣明永樂時諸臣無識復就程傳篇次以朱子之義

群經識小　卷一　易　一

敷經筆記 一卷

清陳倬撰

約同治間原刻本

作者從陳奐習經，此書爲其讀經札記。印本不多見。

版框高一八四毫米，寬一二九毫米。白口。

敷經筆記

少習詞章經術茫如弱冠後受業於長洲陳徵君碩

甫先生始知治經之邃而雜以卑業所學不專間有

纂述遭遇寇亂盡付刼灰尋繹經傳窺天測海一孔

所見隨筆記之不類廁者援臧氏經義雜記例也歲

月駸逝學殖荒落唏可懼哉元和陳倬

人未有自致者也

邯鄲淳後漢鴻臚陳君碑雖大舜之終慕曾參之自盡

無以踰也倬案據此碑文則論語子張篇人未有自致

巢經巢經說 一卷

清鄭珍撰

咸豐二年原刻本

此鄭氏解經札記。咸豐二年，擬與《巢經巢詩鈔》九卷一同付梓，刻成此本。此本內封面題『巢經巢集』，又卷端題『巢經巢集卷第一』，即爲此而設。惟不知何故，余所見諸本，《經說》一卷實多單行。貴州綿紙印，字作寫刻。卷末鐫『男同知謹寫』，知由鄭珍子同知寫樣上版。版框高一八一毫米，寬一一九毫米。白口。

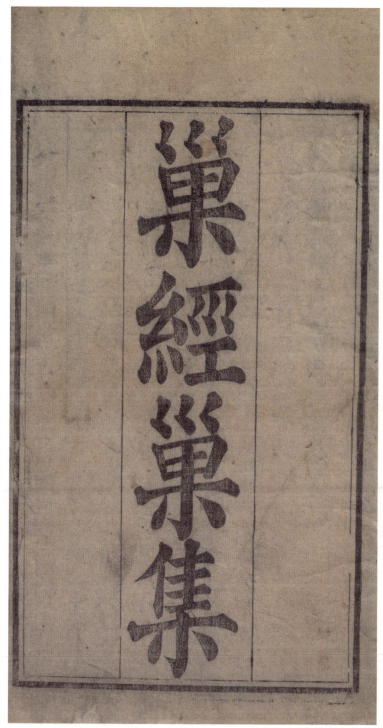

巢經巢經集

祭酒詞壇老宿今年刻其詩九卷經說一卷求序於余
余嘗親奉程侍郎之教數得追陪末坐上下其議論今
觀子尹之詩文知淵源所自波瀾莫二故為序其學子之
所自出以諗世之讀子尹文者咸豐二年八月望日常
熟翁同書

巢經巢集卷第一

　　　　　　　　　遵義 鄭 珍 子尹

經說

　補正爾雅釋親宗族

爾雅之釋宗族舍人孫李本久亡今所傳惟郭景純本然
注略邢疏復不詳余三復斯篇文益多所譌脫即近日邵
氏晉涵正義郝氏懿行義疏雖攷證綦詳而於此亦未之
疑及也按儀禮喪服小功章稱從祖父母從祖父母從
祖昆弟凡三世總麻章稱族曾祖父母族祖父母族父母
族昆弟凡四世是祖之親見弟與其子若孫稱皆冠以從

朋壽室經說 六卷附策問 一卷

清鄒壽祺撰

光緒二十七年原刻本

鄒氏解經，從文字訓詁入手，故多有新義。

版框高一四九毫米，寬一〇九毫米。白口。

小亨亨小解

說易者不外陰陽二理因陰陽而有大小易六十四
卦凡言大者陽也言小者陰也註家屢言之固無
待贅乃卦辭有言亨小復有言小亨者何也曰此即
陰陽升降之故也凡陰陽升降則為亨而陰而
亨也陽升陰降則為亨小謂由亨而陰也荀氏義如
此旅之為卦艮下離上艮二為陰故為小見說卦艮
二之離五是陰升陽降故荀氏云陰升居五與陽通
故不曰亨小而曰小亨賁之為卦適與旅反故經云
亨小今讀小屬利有攸往者非荀氏曰此本泰卦謂
陰從上來則以賁為泰二之上陽升陰降故不曰小

實事求是之齋經義 二卷

清朱大韶撰　光緒九年原刻本

孫殿起《販書偶記》著錄此書有道光間刊本，當誤。本書卷首鐫張文虎撰《朱虞卿學博家傳》，言大韶歿後四十年，其子星衡以遺書相示，文虎寫其辨證典禮者四十五篇，會長沙李觀察興銳求刊有用書，因請授之梓，而其餘仍藏於家』。朱氏歿於道光二十四年，後四十年正光緒九年，因知此即其原刻之本。孫氏所見本，應是脫去刻書牌記，以致無從判別刻書年代，據朱琇敘文約略推之。此書刊刻雖晚，然稀見。版框高一六九毫米，寬一二〇毫米。黑口。

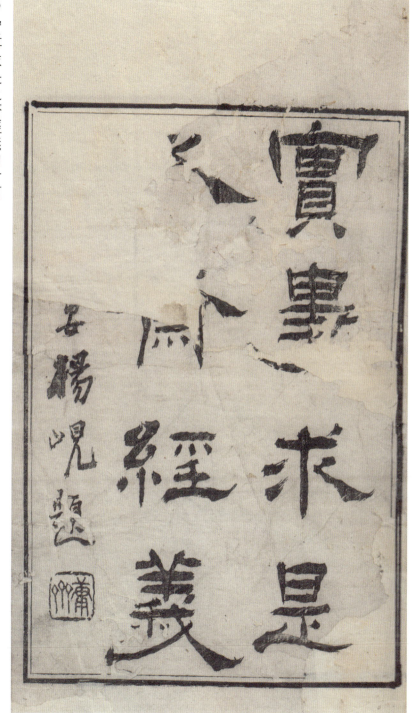

實事求是之齋經義

石埭楊峴題耑

光緒八年
冬十月刊

實事求是之齋經義上

古婁朱大韶仲鈞著

卷一

士庶子非公卿之子弟辨

天官宮伯掌王宮之士庶子凡在版者汪鄭司農云庶
子病衛之官元謂王宮之士謂王公諸吏之適子也庶
子其支庶子也分士與庶子為二汪地官虆人曰士庶
子卿大夫之子病衛王宮者汪夏官大司馬曰士庶
子卿大夫之子弟從軍者三汪不同謹桉周官有士庶
子卿大夫之子從軍者三汪不同謹桉周官有士庶
有御庶子有諸子其職迴別與禮經之庶子尤
不相涉自記禮者誤以諸子庶子為一而說多岐諸子
云掌國子之倅國有大事則帥國子而致於大子唯所

四書章句集注附考四卷四書章句集注定本辨一卷四書家塾讀本句讀一卷

附考清吳志忠撰　定本辨、家塾讀本句讀清吳英撰

嘉慶十六年璜川吳志忠真意堂原刻本

吳氏仿宋刊朱熹《四書章句集注》，此三種乃所附刊。《附考》卷末鐫『江寧周啟友鐫』注記。雖此三種非如《四書章句集注》本書之仿宋刊刻，所刻方體字亦頗精善，其文字考訂之精審，更爲學林所重。故雖僅存此附刻數種，余亦鄭重儲之。

版框高一九一毫米，寬一四一毫米。白口。

四書章句附攷卷一

吳縣吳志忠輯

大學 注大舊 至如字 八字元姚氏景星學庸啓蒙本無

書集編本趙氏順孫四書纂疏本元詹氏道傳四書纂疏本

本至作止今從翻宋淳祐四書集注本元胡氏炳文四書通本及朱

子儀禮經傳通解本 經而后 據古本后 作後下並同 音后與至放此

宋黃氏震曰抄本

氏所見乃朱子未定本而近本所從纂疏通啓蒙本及通解日抄本今

從翻宋本集編纂疏通啓蒙本

七字通纂 經 致知 日此致或為至 注 一於善 近本纂箋本作必自

箋本無 善祝本作必自懷是近本從祝氏本也然四書通胡氏案日章句初

本欲其自懷而毋自欺後作一於善而毋自欺云云據此則視

善祝本作必自懷而毋自欺一於善而毋自欺云云 至 放此六字

無注無不盡 不切後改為盡 注 壹是 本壹作一 注凡二百五十字箋纂

注而更考 日抄本無而字序次次序 凡千 至六字 蒙本無通本

啓蒙本纂疏啓蒙本及通本作一 注凡二百五十字

本無而更考 日抄本無而字 八字纂本啓蒙本無通本

千上有一字 經顧諟 本文作顧鄭注曰諟或作題 音大讀 至是字通本

一字 唐陸氏德明經典釋文曰顧鄭注曰諟或作題

四書章句集註定本辨

吳邑吳英伯和氏撰

辛未夏兒志忠學輯四書朱子注之定本句考之而有所疑折衷於

予此非易事也得不盡心焉定本句有不待辨者有猶待辨者有不

可不辨者不待辨者維何如大學誠意章故必謹之於此以審其幾

焉為定本其初本則曰慊與不慊其幾甚微如此之類是也猶待辨

者維何如大學聖經章欲其必自慊此也此初本非定本其定本則曰欲

其一於善論語為政章行道而有得於心也此初本非定本其定本

則曰得於心而不失也如此之類是也不可不辨者維何如中庸首

章蓋人知己之有性而不知其出於天知事之有道而不知其由於

性知聖人之有教而不知其因我之所固有者裁之也故子思於此

校勘記據十
行本猨作獝

注萬章問有也字
翻宋本下　孔本韓本潔作絜考

經不潔異據宋刻九經本同
近本集疏集編纂疏通

人非有　箋本人作原今從翻宋本集編纂疏通纂
但當纂疏本集疏通纂本作當但編

翻宋本集編纂疏通纂箋本子作章今從集疏本及孔本韓本毛本
經萬子本近

提要所據武英殿本宋本九經岳珂本咸淳衢州本影宋本孟子
注鄉

四考所據孔本韓本潔作絜考
惡鄉原恐其亂德也此八字韓本無　經

據宋本　廉潔　異據宋九經本同

然而無有乎爾則亦無有乎爾　音義曰陸本作然而　無乎爾則亦有乎爾　注而又以見　疏

本又作有

四書集注附攷卷四

論語古訓十卷

清陳鱣撰

乾隆六十年陳氏簡莊原刻本

是本卷首有阮元嘉慶元年序文，知係嘉慶改元後所印。惟稍後印本即多有增補，此尚是初刷之本，墨色鮮亮，頗足珍重。書係孫人和舊藏，鈐『蜀丞』朱文橢圓印、『孫氏人龢』白文方印。

版框高一七三毫米，寬一三三毫米。黑口。

論語古訓卷一　　　　　海寧陳鱣述

學而弟一 釋文凡十六章漢石經每篇計章在後

子曰學而時習之不亦說乎

馬曰子者男子通稱也謂孔子也王曰時者學者以

時誦習也誦習以時學無癈業所以為說懌也集解

有朋自遠方來不亦樂乎 釋文有或作友非 文選古詩十

包曰同門曰朋也 九首注引作鄭曰 集解

人不知而不慍不亦君子乎

鄭曰慍怨也 釋文 何曰慍怒也凡人有所不知君子不

子曰天生德於予桓魋其如予何

包曰桓魋宋司馬黎也天生德於予者謂授我以聖

性也合德天地吉而無不利故曰其如予何也集解孔

子世家 集解

子曰二三子以我為隱乎吾無隱乎爾 皇本作以我 為隱子乎

包曰二三子謂諸弟子也聖人智廣道深弟子學之

不能及以為有所隱匿故解之也 集解

吾無行而不與二三子者是丘也 皇本高麗本作吾無所行

包曰我所為無不與爾其之者是丘之心也 集解

子以四教文行忠信

四書講義 一卷

明顧憲成撰

道光間無錫顧湘刻《小石山房叢書》本

此本初印，殊難得。蓋《小石山房叢書》初成未久，即遭洪、楊之亂，書版嚴重損毀，至同治年間修整重刷，版片印工均遠不及初印者精善。

版框高一七四毫米，寬一二五毫米。黑口。

四書講義

無錫顧憲成叔時著

吾十有五章

這章書是夫子一生年譜亦是千古作聖妙訣試看入手一箇學得手一箇矩中間特點出天命二字直是血脈準繩一齊俱到曰志曰立曰不惑修境也曰知天命悟境也曰耳順曰從心證境也即入道次第亦纖毫不容躐矣提這學字乃與人指出一大路以為由此雖愚者可進而明柔者可進而強但一念克奮自途人而上個個做得聖人夫子所以曲成萬物而不遺也提這矩字乃與人指出一定準則以為到此雖明者不得自用其明強者不得自用

四書改錯二十二卷

清毛奇齡撰　嘉慶十六年金孝柏重刻本

清初學者如顧炎武、閻若璩輩皆質疑駁難朱子之說，毛奇齡亦當時代表性人物之一。其書原版刊刻於康熙年間，爲毛氏《西河合集》中的一種。因攻訐朱熹《四書集注》言語犀利過甚，開篇即謂『《四書》無一不錯』，甫一刻成，便迫於世俗壓力，不得不自行毀棄書版。故康熙初印本傳世絕罕。此嘉慶翻刻本，今亦不甚多見，且此翻刻本不惟行款一遵原本舊式，尚對原本文字脫誤多所訂正，亦別有勝處在焉。

版框高一九四毫米，寬一三九毫米。白口。

西河合集

蕭山毛奇齡字初晴又䎸晴稿

陳元龍廣陵
張希良石虹較

四書改錯一

四書無一不錯謂四書五經爲六經錯也古六經即六藝經解稱六教漢志稱六學皆以詩書禮易春秋加樂爲六並非四書以舊時無四書也謂四書爲四書經錯也四書四件書也分言之則大中稱大經論語稱兼經亦稱小經孟子則但爲論語所兼而不自立爲經科若合爲四書則直書

駁毛西河四書改錯二十一卷

清戴大昌撰

道光二年補餘堂原刻本

其書針對毛奇齡《四書改錯》，逐一迴護朱熹之說。兩書足當並儲，

而此本亦世不多見。

版框高一九二毫米，寬一三二毫米。白口。

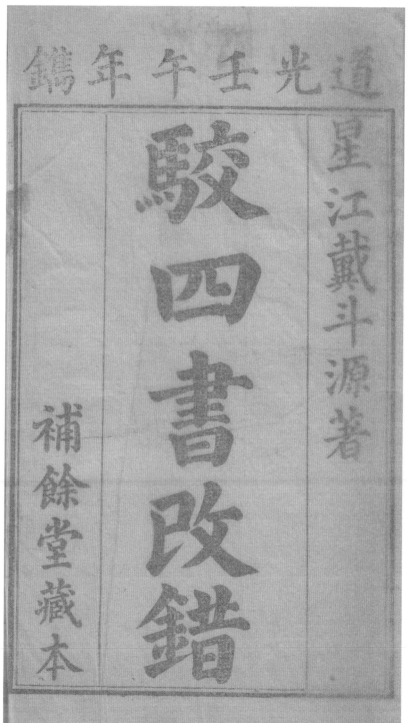

道光壬午年鐫

星江戴斗源著

駁四書改錯

補餘堂藏本

大德不踰閑節

其餘則曰月句

吾黨之小子狂簡

戴斗源夫子所撰四書問答補餘堂文集二種業已
刊行仍閒答續編駁毛西河四書改錯補餘堂詩鈔
斗源隨記琴音標準五種俱有繕本弟史傳筭蔡錄尚
未脫稿古文亦未盡刻而此編則在宣城時曾覓工
人寫成宋字者今歲壬午家嚴延請授讀於遺安書
屋生等因勤付梓以公同好云受業程松照照謹識

駁毛西河四書改錯卷一

婺源戴大昌著

程梧照鳳書

叅業同邑程枀照衛三郡邑　朱文銘呂言

　　張盛典佩蘭孫男鴻　雲漢章　朱文鍾職言仝校

毛氏西河奇齡曰四書無一不錯。謂四書五經為六經錯也。云謂四書為四書經錯也。云謂四書為四子書錯也。云謂大中本禮記中文程氏朱氏始專行之錯也。云謂程朱始合併四書而命以名錯也。云謂宋曾以四書取士錯也。云

四書釋地補一卷四書釋地續補一卷四書釋地
又續補一卷四書釋地三續補一卷

清樊廷枚撰

嘉慶二十一年梅陽海涵堂原刻本

閻若璩《四書釋地》是清代學術史上代表性著述，樊氏補注其書。卷末鐫「梅陽海涵堂雕本」。

版刻端謹，實勝於乾隆間眷西堂刻閣書原本。

版框高一七九毫米，寬一二二毫米。黑口。

汪瑟庵大宗師鑒定

四書釋地補

嘉慶丙子秋梅陽海涵堂梓板

四書釋地補

太原閻若璩原本　　　　山陰後學樊廷枚校補

蓋

原予少時習孟子疑蓋大夫王驩與兄戴蓋祿之蓋同

音集註卻於前云齊下邑**補註**齊下邑也趙註蓋後云陳氏食采

邑**補註**趙註蓋當是二邑宋王伯厚謂漢泰山郡蓋縣故

城在沂州沂水縣西北**補註**學紀聞僅一處無二地頗不可

解後讀左氏春秋傳趙衰為原大夫於時先軫亦稱原

軫子趙同為原同於時先軫亦稱原穀唐孔氏曰蓋分

四書釋地續補

太原閻若璩原本　　山陰後學樊廷枚校補

河注海

【原】禹於帝堯八十載癸亥告成功河自右碣石入于海碣石山名在今永平府昌黎縣【補註】海至永平府南發出一大洋東西百餘里河從此洋之西北流注之此洋闊五百餘里自洋南遠望如在海中實未淪入于海也碣石在其右轉屈之間碣石在海洋北也按程氏謂南碣石淪入海已去岸五百餘里審如是當自昌黎縣南所謂此山則此語尤不足信後一千六百七十六年為周定王五年己未周譜曰河徙【補註】按溝洫志王橫引周譜曰定王五年黑津河泛海雖至六七百里

聲律通考 十卷（殘）

清陳澧撰

約道光咸豐間刊《鍾山別業叢書》本

存卷一至五，計五卷。

此書論古代樂律。卷端鐫『鍾山別業叢書之■』，末字序數存墨釘

待填。陳氏此《鍾山別業叢書》實未正式印行，後乃於咸豐光緒間另刻

《番禺陳氏東塾叢書》，收入各種著作。故此印本流傳甚罕。

版框高二一四毫米，寬一四五毫米。黑口。

番禺陳氏

聲律通考卷一

古樂五聲十二律還宮考

番禺陳澧撰

鍾山別業叢書之

周禮大師曰掌六律六同以合陰陽之聲陽聲黃鍾大蔟姑洗蕤賓夷則

無射陰聲大呂應鍾南呂函鍾小呂夾鍾皆文之以五聲宮商角徵羽

又大司樂曰凡樂圜鍾為宮 鄭注云圜鍾夾鍾也 黃鍾為角大蔟為徵姑洗為羽冬

日至於地上之圜丘奏之若樂六變則天神皆降可得而禮矣凡樂函鍾

為宮 鄭注云函鍾林鍾也 大蔟為角姑洗為徵南呂為羽夏日至於澤中之方丘奏

之若樂八變則地示皆出可得而禮矣凡樂黃鍾為宮大呂為角大蔟為

徵應鍾為羽於宗廟之中奏之若樂九變則人鬼可得而禮矣

禮記禮運曰五聲六律十二管還相為宮也正義曰黃鍾為第一宮下生

林鍾為徵上生大蔟為商下生南呂為羽上生姑洗為角林鍾為第二宮

爾雅正郭 三卷

清潘衍桐撰

光緒十七年原刻本

晉郭璞注《爾雅》，爲傳世最早注本，對理解原文，關係甚大。潘氏此書專門訂正郭注的疏失，舉證充實，故成書雖晚，卻價值很高。每卷卷末鐫『受業許滋祥校字、姪元杰／男元枚同校』。

版框高一六二毫米，寬一一四毫米。白口。

爾雅正郭

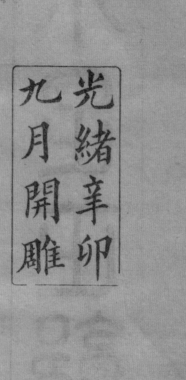

光緒辛卯
九月開雕

爾雅正郭卷上

釋詁弟一　　　　　南海潘衍桐學

攻善也　郭注詩曰我車既攻

正曰後漢樊光注爾雅其引詩葢本魯詩臧明經

拜經日記備削其證郭注承用樊注舊本類多魯

詩逸詁此條引詩我車既攻據小雅車攻毛傳訓

攻爲堅不訓爲善知訓善者夫魯詩說也然魯詩

說訓攻爲善審其音讀則攻當爲功樓生蔚然云

漢書董賢傳顏注功字或佢攻荀子議兵械用兵

革攻完便利者强楊注攻當爲功功者善也周禮

小爾雅疏證五卷

清葛其仁撰

道光十九年原刻本

是書刊刻精整，印本傳世甚罕。書刻於徽州，卷末鑴記『徽城稽古堂刻字鋪刊』。

版框高一八一毫米，寬一二九毫米。白口。

小爾雅疏證

道光己亥栞

于歘學署

小爾雅疏證卷一

嘉定葛其仁學

廣詁一

許慎說文解字曰詁訓故言也詁故通漢書
藝文志書有大小夏侯解故詩有魯故齊后
氏故韓故毛詩故訓傳亦與古通詩烝
民故訓是式鄭箋云訓先王之遺典也案爾雅
有釋詁篇此云廣者廣爾雅所未備凡爾雅所載
此篇不複見其有重出者疑爲後人所竄入矣

淵懿窴隤深也

淵者詩燕燕其心塞淵毛傳淵深也爾雅釋天太歲在
亥曰大淵獻孫炎曰淵深也大獻萬物於深懿者詩七
月女執懿筐毛傳懿筐深筐也楚辭逢尤懿風后今受
瑞圖王逸注懿深也窴者說文窴深遠也禮記玉藻前

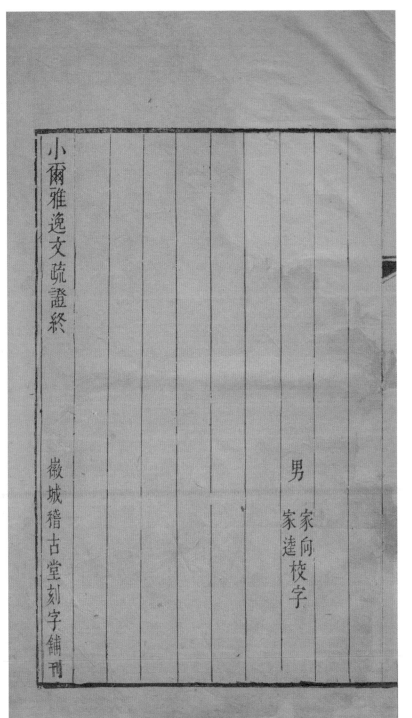

小爾雅逸文疏證終

男　家向
　　家遠　校字

歙城稽古堂刻字舖刊

方言箋疏 十卷

清錢繹撰

光緒十六年紅蝠山房原刻本

每卷卷端題『仁和王文韶校刊』，每頁版心下方鐫『紅蝠山房校本』。

此本已有民國十八年補修書版。因是書乃清人研治《方言》名著，刷印稍遲，亦無大礙。

版框高一七四毫米，寬一二六毫米。黑口。

方言箋疏

十三卷

平湖徐惟琨題

光緒庚寅
仲夏紅蠙
山房校刻

輶軒使者絕代語釋別國方言箋疏卷第一

嘉定錢　繹撰集
仁和王文韶校刊

按諸書稱引及史志著錄皆謂之方言舊唐書經籍志則謂之別國方言蓋以其文冗贅並從省文實則一書又宋洪邁容齋隨筆稱爲輶軒使者絕域語釋別國方言攷書中所載並無絕域重譯之言而半爲南楚江湘之間代語郭注以爲凡以異語相易謂之代蓋洪氏偶爾誤記故作絕域今從舊題

漢揚雄撰

漢書列傳揚雄字子雲蜀郡成都人也少好學博覽無所不見口吃不能劇談默而好深湛之思清靜無爲少嗜欲不汲汲於富貴不戚戚於貧賤自有大度非聖哲之書不好也非其意雖富貴不事也年四十餘自蜀來遊京師大司馬王音奇其文雅召爲門下吏薦雄待詔甘泉校獵長楊等輒奏賦以風除爲郎給事黃門年七十一天鳳五年卒案子雲答劉歆書云雄

釋名疏證補八卷附續釋名一卷補遺一卷補坿一卷

漢劉熙撰　清畢沅疏證並輯續釋名、補遺　清王先謙補疏並輯錄補坿

光緒二十二年原刻本　沈兼士批注

是書係王先謙所撰集釋性著述，自富有學術價值。此本爲沈兼士舊藏，多沈氏批語。沈兼士治文字學，乃大力申張右文之說，故獨重《釋名》。余嘗先後收得沈氏批本《釋名疏證補》兩部，此爲其中之一。

版框高一七五毫米，寬一二九毫米。黑口。

釋名疏證補八

嶺續釋名疏證釋名疏

補贊芸一卷

證補坿一卷

光緒丙申刊

釋名疏證補卷第一　　長沙王先謙譔集

漢　徵　士　北　海　劉　熙　撰

釋天第一

天，豫、司、兗、冀以舌腹言之，〔王啟原曰：後漢都洛陽，在司隸部，孝獻都許，在豫州部，故此先言豫，繼言司，尊時制也。〕天，顯也，在上高顯也。〔畢沅曰：莊子釋文引作「高顯在上」也。葉德炯曰：此及下「風」字條均西域字母之濫觴。字母，顯之紐爲曉，曉在喉音之次清等，與「天」出於舌頭之透紐者爲音和，音和者即友切之遞用法也。如「莫六」音切爲目，「徒紅」音即反切之例。成國此書實韻書之譽祖，從平孫炎諸人乃愈推愈密也。成容鏡三案：今等韻家分牙、舌頭、喉等，相傳來自西域。隋書經籍志僞後漢佛法行……牛古半齒爲九音。〕青、徐以舌頭言之，

恒言錄六卷

清錢大昕撰

嘉慶十年阮長生原刻本

此錢大昕遺著，生前已寫定待刊。卷末鐫『後學甘泉阮鴻北渚儀徵阮亨梅叔校』題記一行。至道光年間與阮氏所刊其他書籍，彙印爲《文軒樓叢書》。此其初印單行之本，殊稀見。阮長生避乃父阮元名諱，略去『元』字末筆未刻，後印本則已填筆使成完字。

版框高一七六毫米，寬一三二毫米。黑口。

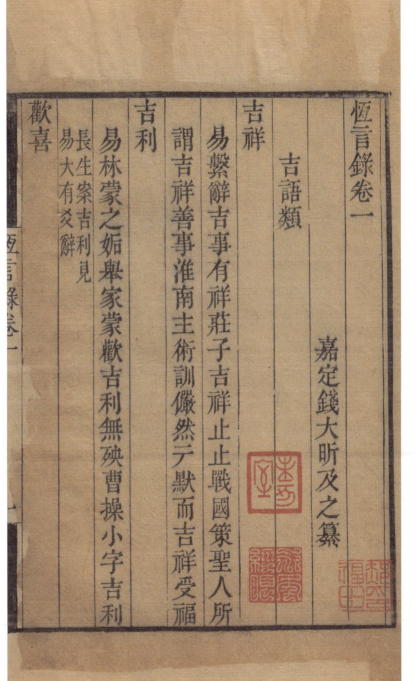

恒言錄卷一　　　　嘉定錢大昕及之纂

吉語類

吉祥

易繫辭吉事有祥莊子吉祥止止戰國策聖人所
謂吉祥善事淮南主術訓儼然こ默而吉祥受福

吉利

易林蒙之姤舉家蒙歡吉利無殃曹操小字吉利
長生案吉利見
易大有爻辭

歡喜

太一佐曰五帝古者天子以春秋祭太一東南郊用太牢」

三元甲子

三元甲子之說葢出於遁甲隋書經籍志有三元九宮立成二卷遁甲敘三元玉秝立成一卷三元遁甲上圖一卷三元遁甲圖三卷三元遁甲六卷許昉撰三元遁甲六卷劉毗撰三元遁甲二卷三元九宮遁甲二卷遁甲三元九甲立成一卷舊唐書傳仁均傳以三元之法一百八十去其積歲武德元年戊寅爲上元之首甄鸞數術紀遺注上元甲子一七四中元甲子二八五下元甲子三九六即三元九宮立成數也鑑案晉書苻堅載記從上元人皇起至中元窮于下元天地

引長生案又見乎陳鍇作陳後主詩　須信閒人有忙事韓偓詩

後學甘泉阮鴻北渚儀徵阮亨梅叔校

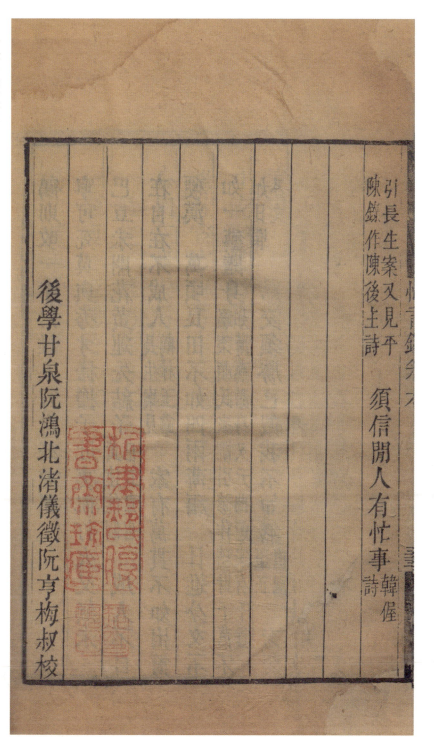

經傳釋詞 十卷

清王引之撰

嘉慶二十四年原刻本

是書爲清人研治文言虛詞的代表性著述，學術價值甚高。此本係試印樣本，版心多存墨版未鏟，難得一遇。

版框高一六〇毫米，寬一二八毫米。黑口。

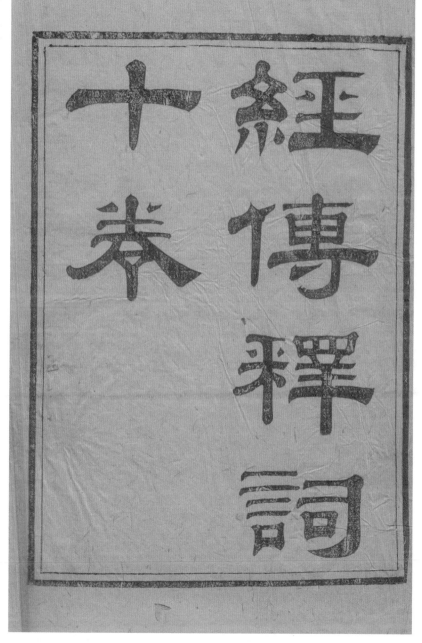

經傳釋詞

十卷

之恨不能起毛孔鄭諸儒而共證此快論也元昔敎浙

士解經曾謂爾雅坎律銓也爲歙事詮也字之訛辛楣

先生謔之又謂詩鮮民之生書惠鮮鰥寡鮮皆斯之假

借字詩絅直如髮如當解爲而髮乃實指其髮與笠老

子夫佳兵者不祥之器佳爲惟之訛老子夫惟二字

多若以爲佳則當云若此之疇學者執是書以求之當

不祥之事不當云器若此之疇學者執是書以求之當

不悖謬於經傳矣論語曰出辭氣斯遠鄙倍可見古人

甚重詞氣何況絕代語釋乎

嘉慶二十四年小寒日阮元書於贛州舟次

經傳釋詞弟一

高郵王引之

與·

鄭注禮記檀弓曰與及也常語也

與猶以也易繫辭傳曰是故可與酬酢可與祐神矣言
可以酬酢可以祐神也禮記檀弓曰殷人殯於兩楹之
閒則與賓主夾之也言以賓主夾之也玉藻曰大夫有
所往必與公士爲賓也言必以公士爲擯也義見上文中庸
曰知遠之近知風之自知微之顯可與入德矣言可以
入德也論語陽貨篇曰鄙夫可與事君也與哉言不可

說文解字句讀三十卷

清王筠撰　同治四年原刻本

此清人研治《說文》名著。諸家著錄此書，有道光三十年庚戌刊本，頗疑實際上並無此本。蓋道光庚戌為此書卷首王氏作序年份，寒齋藏本卷首『御覽』牌記題『同治四年二月二十二日由禮部進呈』及『同知銜附貢生王彥同恭繕』，顯示此書當時尚無刻本，王筠子彥同繕寫進呈而已，故潘祖蔭所題『書後』亦謂久聞其名而未見其書。王筠此書或即同治四年進呈後在當年刻印。惟見書甚少，不敢自信，故書此備考。

版框高一九三毫米，寬一四九毫米。白口。

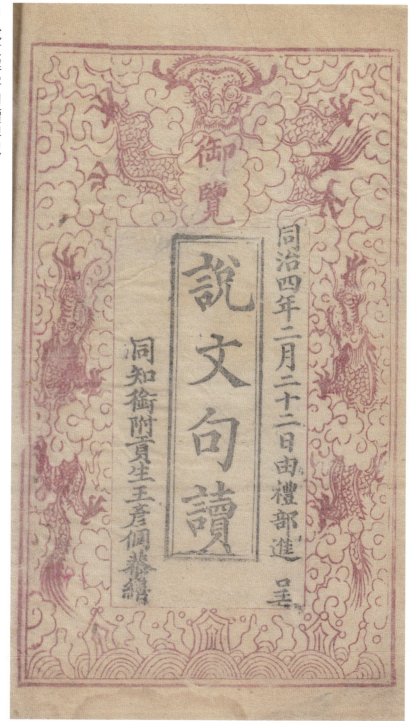

御覽

說文句讀

同治四年二月二十二日由禮部進

呈

同知銜附貢生王彥侗薰繕

書後

安邱王君貫山治許氏說文之學歷三十年先成
釋例二十卷院復蒐萃群言折衷玉是為句
讀三十卷久閟之未見也囙治四年君之子彥侗
依公乘沖故事齎遺書詣
闕有
旨下南出房諸臣覆閱蔭幸與焉始得淨竟讀

漢太尉南閣祭酒許氏記

相國壽陽祁春浦夫子鑒定

安邱王　筠撰集

益都陳山嵋訂正

晉江陳慶鏞

博山蔣其崙書篆

十四部

六百七十二文　句末者十四篇皆有此句、而文字在句末者一、二、五、八、九、十一、三十四、凡六篇、案今在句末之證、今改

重八十一　毛後刊去一字

歸一

律、

許君自敘曰九千三百五十三文　毛孫鮑三本同

十二凡八篇其在句首者三、四六七十三、是當在句末之證、今改　十三文同

凡萬六百三十九字　數凡十四篇之文數、重數、說解、都一、依宋本、而注各本之異同于下、不復纍、實以登下之、何者、總計每篇之數與許君、自敘之數不符也、敘曰九千三百五十三文、今纍

說文答問疏證 六卷

清薛傳均撰

道光十八年揚州重刻本

薛氏所疏證者爲錢大昕著《說文答問》。薛氏書初刻於閩中，而校讎粗疏。此本由劉寶楠等重新校定，於諸本中最稱精審，亦最爲學者推崇。惟卷首列有道光十九年阮元序文，知刷印在此序刻入之後。

版框高一九二毫米，寬一三三毫米。白口。

說文答問疏證

道光戊戌仲冬開雕

說文答問疏證目錄

說文荅問疏證卷一

甘泉薛傳均

問許叔重說文解字十四篇九千三百五十三文不見

於經典者幾十之四文多而不適於用竊所未喻曰今

世所行九經乃漢魏晉儒一家之學叔重生於東京全

盛之日諸儒講授師承各別悉能通貫故於經師異文

釆摭尤備姑卽予所知者言之

如塙卽易確確乎其不可拔之確 乾卦 文言

說文無確字塙堅不可拔也與鄭注堅高之兒正合

惠定宇周易本義辨證云依字當作崔許君以崔爲

說文辨疑 一卷

清顧廣圻撰

光緒三年崇文書局原刻本

篇幅雖薄，卻是名家名著。其書或云有嘉慶七年詩禮堂刻本，余未見。所見者以此爲最早刻本，亦流傳無多。

版框高一七三毫米，寬一二一毫米。白口。

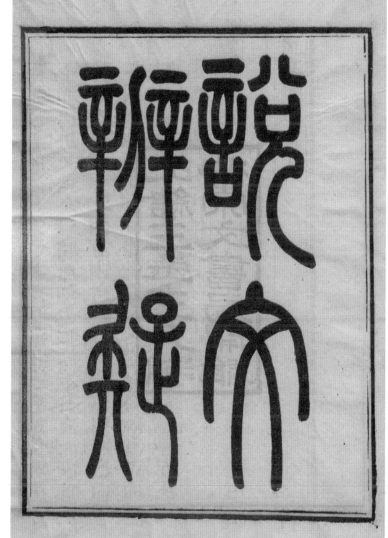

光緒三年三月湖
北崇文書局開雕

說文辨疑

元和顧廣圻

禧禮吉也

舊說云吉當爲告爾雅釋詁禧告也

按此說非也爾雅禧告也者與嘻同字詩意嘻成王

毛傳云意歎也嘻劾也劾之必告之故釋禧爲告而

郭景純注云禧未聞正由拘禧之本字形以求之而

不能得也又說文口部無嘻字疑詩本作喜而爾雅

時詩有作禧者其後乃作嘻耳嘻非古字故許叔重

說文校議十五卷

清姚文田、嚴可均撰

同治十三年歸安姚氏重刊本　近人常贊春摹錄清張穆批注

是書初刻於嘉慶二十三年，此同治重刻本本不足重，惟有晉人常贊

春臨摹字跡過錄清張穆批語，別有文獻文物價值。

版框高一九三毫米，寬一五二毫米。白口。

說文校議篆

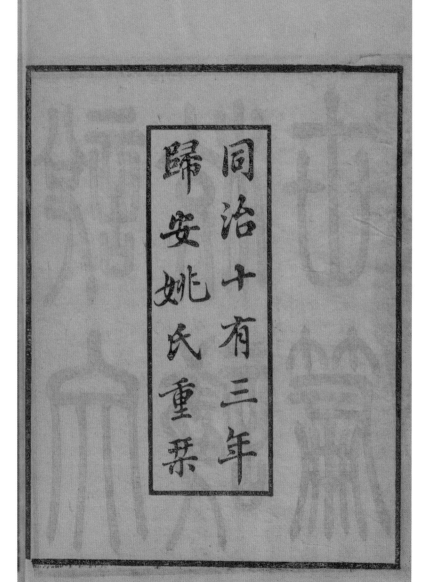

同治十有三年
歸安姚氏重梓

說文校議弟一上

歸安姚文田嚴可均同譔

敍曰嘉慶初姚氏文田與余同治說文而勤于余已未後余勤
于姚氏合兩人所得益徧索異同爲說文長編亦謂之類攷有
天文筭術類地理類艸木鳥獸蟲魚類說文引羣書類羣
書引說文類積四十五冊又輯鐘鼎拓本爲說文翼十五篇將
校定說文譌爲疏義至乙丑秋屬稿未半孫氏星衍欲先覩爲
快乃撮舉大略就毛氏汲古閣初印本別爲校議卅篇專正徐
鉉之失其諸訓故形聲名物象數旁稽互證詳于疏義中不徧
及也夫說文爲六藝之淵海古學之總龜覗爾雅相敵而賅備

集韵六脂類篇引與毛本同

菣　玉篇菣作紫

茵　當作囧聲韵會八庚引作囧省聲衍一省字此作囧省則
不省即萌矣誤

莖　小徐作莖蒢也無艸宇

苕　釋艸釋文苕引說文作荇蘒六朝舊本荇從艸洐聲無苕
荇二體

藕　此篆蘒後人所加說文無稊字釋艸釋文藕本又作稊引
莊子道在稊稗即稊宇一切經音義卷十四以爲說文
稊作黃不言作藕知六朝唐初本無藕

嚴鐵橋之治說文自是專家之學惟過求甚解又故與顧澗蘋為
難往往辭涉偏激是本經張皋齋訂證洵足糾鐵橋之繆向假諸
王君棣華幸允久庋以為影摹惟腕底有鬼於張書未得萬一也
摹竟並錄鐵橋答孫氏問及楊見山鐵橋遺事何顧船房齋墓志
銘合訂入原書云丼州常贊春子襄記并書

說文發疑 七卷

清張行孚撰

光緒九年初刻、光緒十八年增刻本

此書第七卷在卷端卷次下刻有一『續』字，蓋光緒九年初刻者僅前六卷，全書卷末有作者光緒十八年跋語，知增入卷七，當在此時。此書行世多六卷初刻本，七卷全本稀見。此本鈐『積學齋徐乃昌藏書』朱文長方印，知爲徐氏舊藏。雖已增入晚刻第七卷，全書各卷仍皆字跡清晰，墨色鮮明，知初刻增刻諸卷均屬初印，殊爲難得。版框高一七九毫米，寬一三七毫米。黑口。

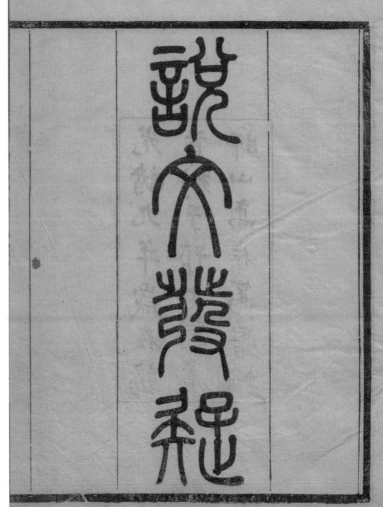

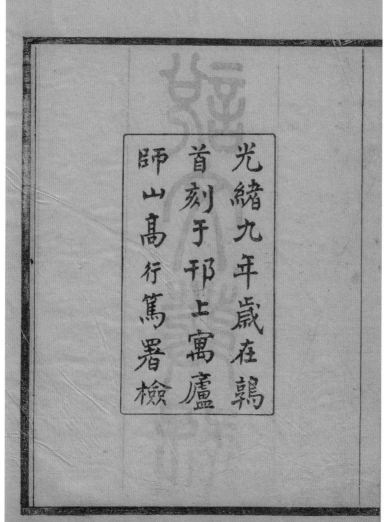

光緒九年歲在癸
首刻于邗上寓廬
師山高行篤署檢

說文發疑序

張子乳伯余主講詁經精舍時所許為高材生者也
俄歌鹿鳴之詩以去未幾來見余於吳中春在堂則
已以鹽鐵使之屬需次兩淮矣今年又來吳中相見
余問宦游樂乎曰錄錄無所試月得薪水之資不足
餬其口言次出巨編數袠見示余歎曰古之君子仕
而優則學今吾子之仕不可得而優者也然而學則
優矣斯亦古今之異乎其書凡數種皆治說文者也
惟說文發疑六卷已寫有定本讀其書信乎於許氏

說文發疑第一

安吉張行孚乳伯述

六書次弟

六書次弟鄭司農周官注以象形會意轉注處事假
借諧聲爲敍班孟堅藝文志以象形象事象意象聲
轉注假借爲敍許叔重說文敍以指事象形形聲會
意轉注假借爲敍愚按假借不當次於諧聲之前會
意不當次於處事之前轉注假借不當次於處事諧
聲之前徐氏鍇段氏玉裁論之詳矣班許之敍優於

說文發疑卷一

說文發疑第七 續

安吉張行孚子中述

釋質

周禮司弓矢射甲革椹質者鄭注云質正也弓人利

射革與質鄭注云質木椹也荀子勸學篇質的張而

弓矢集焉楊注云質射侯也周禮射人鄭注云方十

尺曰侯四寸曰質此數質字諸家訓雖各殊然其謂

射侯中之一名則一愚按說文質以物相贅從貝

從所闕又云贅以物質錢從敖貝敖者猶放貝當復

一

說文佚字考四卷

清張鳴珂撰

光緒十三年原刻本

據大徐本《說文》注解中有其字而篆文遺佚者逐一加以考述。逐卷

卷末分別鐫記『男元壽彥臣恭校』或『男恩壽隅仲恭校』。

版框高一七一毫米，寬一二六毫米。黑口。

說文佚字考

歸安孫禄增讀畢署卷耑

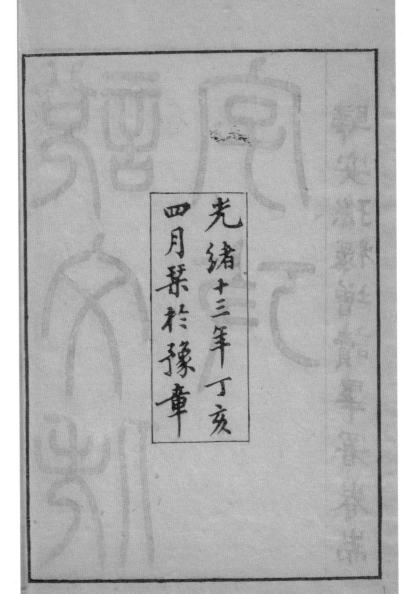

光緒十三年丁亥
四月槧於豫章

說文佚字攷卷一

嘉興 張鳴珂 公束

原佚

𠷎 玉部⿰王𠷎篆云玉器也从玉𠷎聲讀若淑 牛部⿰牛𠷎篆云牛羊無子也从牛𠷎聲讀若糗糧之糗 支部⿰𠷎攵篆云棄也从支𠷎聲周書以爲討詩云無我⿰𠷎攵兮 木部⿰木𠷎篆云斷木也从木𠷎聲春秋傳曰⿰木𠷎柮 巾部⿰巾𠷎篆云禪帳也从巾𠷎聲 老部⿱耂𠷎篆云久也从老省𠷎聲

手部⿰扌𠷎篆云手推也一曰築也从手𠷎聲 土部⿰土𠷎篆云保也高土也从土𠷎聲 酉部⿰酉𠷎篆云主人進客也从酉𠷎聲

說文經字考 一卷

清陳壽祺撰

咸豐三年《小學類編》原刻本

錢大昕著《說文答問》，舉述經書所出《說文》之字，陳氏此書乃彌補其缺。此雖叢書中單冊，卻是該書最初刻本，不宜以尋常叢書零種視之。

版框高一八二毫米，寬一二六毫米。黑口。

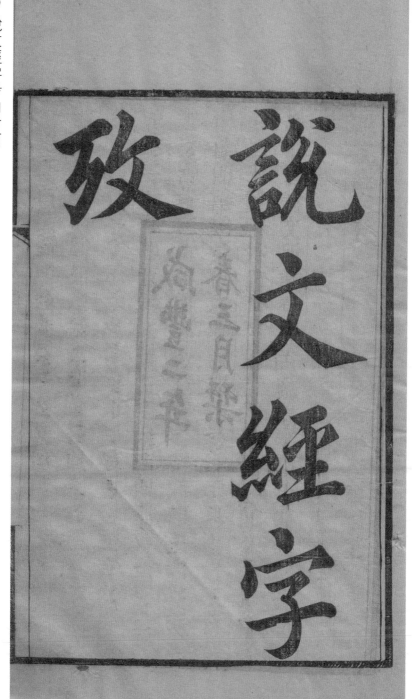

說文經字攷

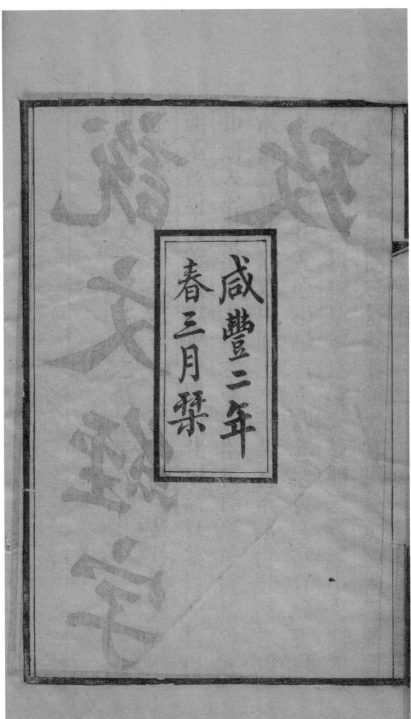

咸豐二年
春三月鑱

說文經字攷

小學類編弟

福州陳壽祺 恭甫

許祭酒說文所載羣經古篆等字錢氏潛研堂答問校

舉三百餘字外尚有可埒益者易則欵卽夕惕若厲之

惕𣥠卽陰始疑也之疑溓卽鄭易溓于無陽之溓菁卽

鄭易晉菁虎卽鄭易彪蒙之彪毓卽王肅易振民

毓德之毓盤卽或錫之鞶帶之鞶扗卽鄭易三扗之

扗迁卽鄭易需于沙之沙邐卽鄭易明辨邐也之邐顗

卽鄭易賁如蹯如之蹯歑卽京易晳歑之歑瀗卽水洊

至之洊古文圂卽獲匪其醜之醜懂卽京易懂懂往來

說文引經異字 三卷

清吳雲蒸撰

道光間原刻本

其卷上、卷中復各分作二卷，卷下分作六卷。書寫刻甚精，亦甚稀見。

版框高一六九毫米，寬一二四毫米。黑口。

異字　說文引經　阮雲臺宮保鑒定

說文引經異字　卷上之一

歙吳雲燕學

易

禔

安福也易曰禔旣平石經伀祇祇皷也俗
釋文鄭康成云當為坻坻小阺也京房
伀禔虞翻云安也九家伀皷又无祇悔王
肅伀禔陸續夾云安也凡經用祇之字皆
當伀禔

麓

艸木相附麗土而生易曰百穀艸木麗於
地石經伀麗麗旅行也麗之性見食急則

秦呂尚買多得爲丐從丂從久盍至也詩

曰我丐酌彼金罍石經作姑姑夫母也俗

玉篇丐今作沽引論語求善買而丐諸

未詳所本

木少盛兒詩曰枤之枖枖石經作夭夭屜

也俗按引詩又見娛巧也下

木長兒詩曰椮差荇菜石經作參參商星

也椮或作眉參俗

羅也從木家聲詩曰隰有樹檖石經作檖

宮中道從口象宮垣道上之形詩曰室家

隸變

之壺石經作壺隸變

說文引經例辨 三卷

清雷浚撰

光緒八年原刻本

此書書版在光緒後期與雷氏其他著作彙印爲《雷刻八種》，此尚是初印單行之本，版面仍存墨釘待梓。

版框高一五八毫米，寬一二〇毫米。黑口。

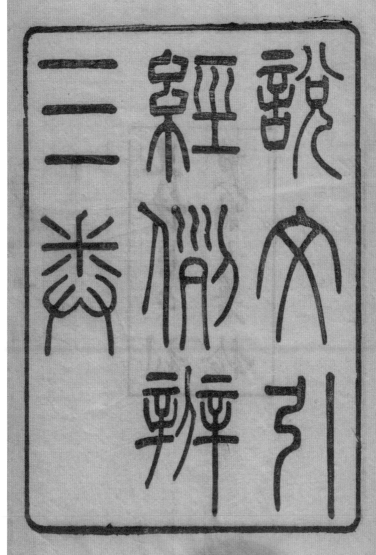

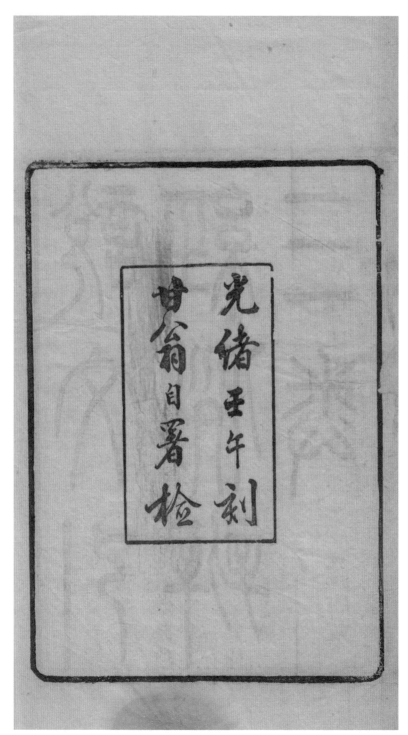

光緒壬午刻
甘肅省局署檢

說文引經例辨卷上　　　　吳縣雷浚

說文引經之例有三一說本義所引之經與其字之義
相發明者也一說假借所引之經與其字之義不相蒙
者也一說會意所引之經與其字之義不相蒙而與其
從某從某聲相蒙者也長洲潘茂才鍾瑞歸自湖北
以崇文書局新刻嘉定陳孝廉珠說文引經攷八卷視
予予聞陳君名四十年矣遺書幸出欣然受而讀之及
展卷則厥病有六不知說文引經之例有三而以爲皆
說本義一也其尤紕繆者欲改孟子罔市利爲買市利
語說買字所以從网之意陳君不知買篆下引孟子网市利
其說會意而誤以爲說本義故也　異文有正假之異

卷上

二

說文注辨段 一卷

清林昌彝撰

同治十年廣州原刻本

書僅寥寥數頁，甚罕見。同刊者尚有林氏《三傳異同考》一卷。

版框高一七八毫米，寬一三四毫米。白口。

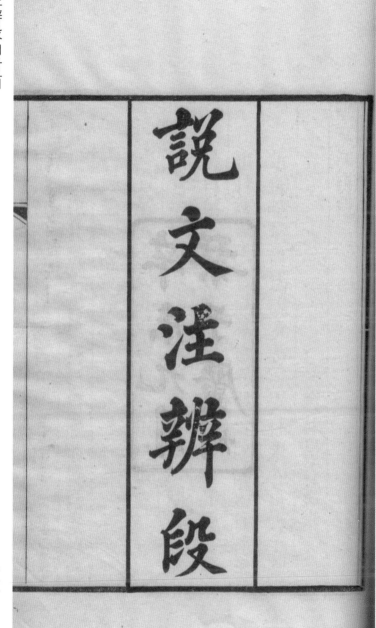

說文注辨段

辛未九月
槧于廣州

說文注辨段

侯官林昌彝惠常

近儒精於許氏說文者二人桂未谷也段懋堂
也桂注廣大段註精微然段好改許書往往勇
於自信其顯與許書背者其端有六詳於硯耕
緒畧辨段條其尚有誤譌者再據所知辨之惟

書段懋堂說文注後

求合於義而已非敢與前賢作難也

段氏說文注其於六書象形指事假借皆已誤解已

辨於前段注說文自鈕匪石刊譌外尚有未確者如

說文解字繫傳四十卷附錄一卷

南唐徐鍇撰

乾隆四十七年汪啟淑刻本 盧文弨校本

存卷二十九至三十六，計八卷。

丁丙善本書室舊藏。鈐『盧文弨』白文方印、『弓父手校』朱文方印、『抱經堂藏』朱文方印及『嘉惠堂藏閱書』朱文長方印、『善本書室』朱文方印。書衣墨筆題『盧抱經手校』，似出翁方綱手。

版框高一九六毫米，寬一五〇毫米。黑口。

說文解字敘目上

繫傳二十九

文林郎守祕書省校書郎臣徐鍇傳釋

古者庖犧氏之王天下也仰則觀象

於天俯則觀法於地視鳥獸之文與

地之宜近取諸身遠取諸物於是始

作易八卦吕坐憲象及神農氏結繩

山岳也正陵也墳衍也也而甲阜隱也汙瀆也故曰地

有二形高下平故於二土也為地坤以簡能故省之也

迤亦　天地之分精气為人煩气為蟲故於二蟲

聲也　煩而人省也春秋穀梁子曰獨陽不生獨

坤

陰不成獨天不生陰陽天必三合而

生故於二人為三岐上一而下二也

天俯取法於坤故仰睎於天三光下臨人謂為三

地山谷相交陰陽相午中則於人強弱相成剛柔相形

古者聖人仰觀象於

故於文人入為文故

文

王者則天之明因地之義

曰經緯天地謂之文　通人之情一家音而貫之一

几

几音殳上俯察於

王者居中也皇極

一也一以貫之故於文一貫三為王一者居中也皇極

之道也三者天地人也天曰柔克地曰剛克人曰正直

王者抑剛而法柔體於正直故王之位居中而高三之

中王者之位也上附者居中而高也詩曰載色載笑匪

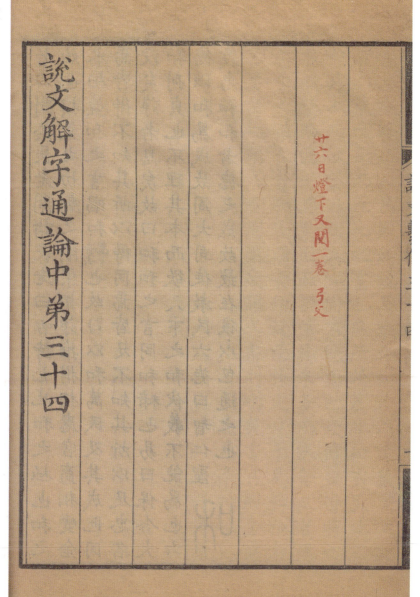

說文解字通論中第三十四

廿六日燈下又閱一卷 弓父

說文解字繫傳四十卷附校勘記三卷

南唐徐鍇撰　校勘記清苗夔、承培元等撰

道光十九年祁寯藻依景宋鈔本仿刻本

此版精刻初印，至爲精美，亦清後期通行善本。卷首敘末鐫『金陵劉漢洲鐫』注記。鈐『麟見亭讀弌過』及『嬭嬛妙境』朱文方印，知爲麟慶舊藏。。

版框高二〇三毫米，寬一五〇毫米。黑口。

說文解字

徐氏繫傳

四十卷

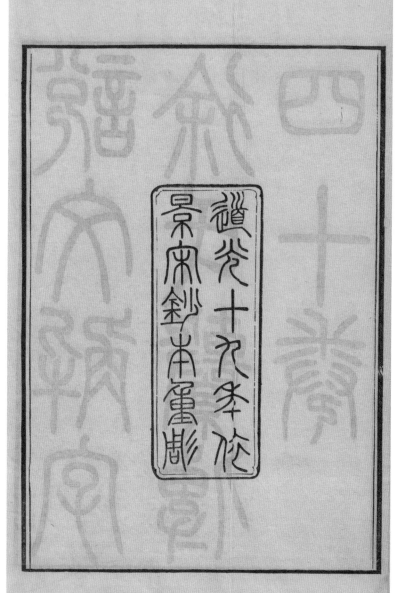

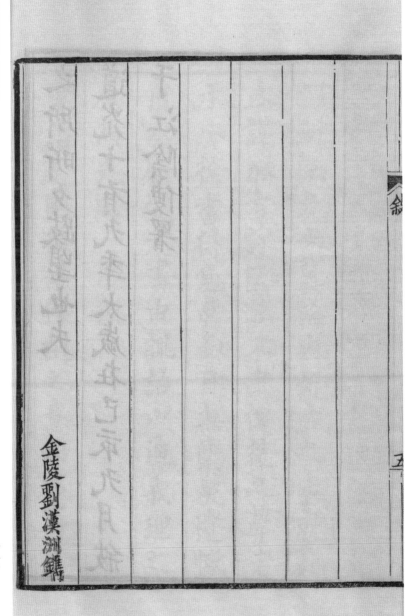

金陵劉漢洲鐫

說文解字通釋卷第一

繫傳一 臣鍇曰部數字數皆仍舊題今分兩卷

文林郎守祕書省校書郎臣徐鍇傳釋

朝散大夫行祕書省校書郎臣朱翱反切

十四部 文三百七十四 重七十七

一 惟初太極道立於一造分天地化成萬物凡一之屬皆從一臣鍇曰一者天地之未分太極生兩儀一旁

薄始結之義是謂無狀之狀無物之象必橫者象天地人之气是皆橫屬四極老子曰道生一今云道立於一者得

說文解字通釋卷第二

繫傳二

文林郎守祕書省校書郎臣徐鍇傳釋

朝散大夫行祕書省校書郎臣朱翱反切

三部　文四百六十五　重三十二

屮

木初生也象丨出形有枝莖也古文或以爲屮字讀
若徹凡屮之屬皆從屮尹彤說臣鍇曰屮從丨引而
上行音進屮始脫荂甲未有歧根今班固漢書多用此爲
艸字齊有輔國錄事叅軍王屮字簡棲作武昌頭陁寺碑

玉篇（殘本）四卷

梁顧野王撰

光緒十年黎庶昌刻《古逸叢書》單行本

此本仍存顧野王書原貌，據日本藏古寫本殘卷上版，存卷九、十八之後分、十九、二十七，計四卷。中土久佚之書，世人賴此刻本得以重見其面目。良工精刻，上佳和紙初印，賞心悅目。鈐『星吾校字監栞督印記』朱文方印及『單行本』朱色木記，知乃版刻初就時在日本刷印單行之書，數量尠少，不宜以叢書零種視之。

版框高二一七毫米，寬一六二毫米。白口。

三三四

影舊鈔卷子

原本玉篇零

卷

古逸叢書之十一

單行本

遵義黎氏校刊

胡快及尚書乃語民之弗辜孔安國曰唐虞言也說

文合會善言也廣雅話調也譖唱調也言類化言也可

僧字也僧合僧市也言古會及在人

郜 字書玄文為謙字在舌邵也

譆 曰以事相屬累為譸也

娑 女恚及漢書尚有可譸者蓋康曰譸累也

謨 蔡謨曰譸託也猶言委罪敷生也

周礼正歲則以法警戒群吏鄭玄曰警謂牟角之也左氏傳

于夷杜領曰警懼戎狄也又曰軍行不徹警也礼記大敬徹

所以警衆也鄭玄曰警猶起也廣雅警〜

不安也或為徼字在人部也

詩賀以諡 去惠及周易謙輕也天道虧盈而益謙地道變盈

我 是 謙 而流謙鬼神害盈而福謙人道惡盈而好謙〜

五經文字三卷　附新加九經字樣一卷

五經文字唐張參撰　新加九經字樣唐唐玄度撰

乾隆五年馬氏叢書樓刻本

馬氏謂乃依宋拓唐石經本繕寫開雕。刻字甚精，開化紙印，墨色鮮明。

鈐『斅古齋』朱文方印。

版框高二二六毫米，寬一四七毫米。白口。

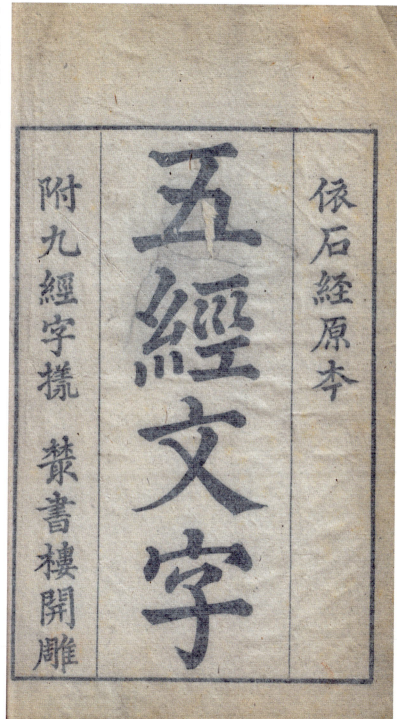

依石經原本

五經文字

附九經字樣　蒙書樓開雕

五經文字卷上

國子學　凡卅六部

一木部　二手部　才又作

三才部　戈　四牛部

五爿部　音牆　六羊部

新加九經字樣

凡漆拾陸部

肆伯貳拾壹字 内壹伯參
　　　　　　　拾伍字重文

木部 凡二十四字
　　　六字重文

鬱鬱 說文云鬱㮕芳草合釀之以
鬱鬱 並𣎳入上木叢生也下芳草也

九經誤字 一卷

清顧炎武撰

康熙年間潘耒《亭林遺書》原刻本

是書據唐開成石經以訂正當時國子監本文字譌誤。吳玉搢舊藏。吳氏通篇點讀，並略有批注。

版框高一八七毫米，寬一四一毫米。白口。

九經誤字

今天下九經之本以國子監所刻者爲據而其中
譌脫寔多又周禮儀禮公羊穀梁二傳既不列於
學官其學殆廢而儀禮則更無他本可讎其譌脫
尤甚於諸經若士子各專一經而下邑窮儒不能
皆得監本止習書肆流傳之本則又往往異於監
本無怪乎經術之不通人材之不日下也已余至關
中見唐石壁九經復得舊時摹本讀之雖不無踳
駁而有足以正今監本之誤者列之以告後學亦
庶乎離經之一助云東吳顧炎武

易

當作㛿授綏

考弓記弓人非弓之利也（監本脫也字）　角不勝幹幹不勝

筋謂之不參均（監本脫不字）　其次角有澤而疏（監本脫角字）

已上竝當
依石經

儀禮

士昏禮婦說服于室御受（監本受作授）　視諸衿鞶　有帉之

綏姆辭曰未敎不足與爲禮也（監本脫十四字）　鄉飲酒禮司

正升立于序端（監本序作席）　則使人授俎（如賓禮監本授作受）

介俎脊脅胳肺肺（監本脫肺字）　鄉射禮改取一个挾之（本）

取俎（監本俎作）

大夫雖衆皆與士爲耦（下有以耦二字監本脫）　與進者相左

相揖退反位（退字監本脫）　賓與大夫反坐奠于其所興（監本）

坐字（監本脫坐字）　各以其物獲（有下）　士鹿中翻旌以獲（七字監本脫）　燕禮

監本同祭作同受　雖有誤當
以監本受同作同受

子其來日某卜葬其父某父　監本來日下脫某字　若不從卜宅如

初儀　監本笔作擇　既夕禮眾主人東即位　監本脫主宗　士虞禮

籩巾在其東　監本巾作布　卒徹祝佐食降復位　監本脫復宗　尸

即席坐唯主人不哭　監本唯作帳　尸受振祭　作授　監本受　特牲

饋食禮立于門外東方南面　監本方作房　佐食致會鄰于

敦南出立于戶西南面　戶宗　監本脫　洗獻眾兄弟如眾賓

儀　監本脫上眾宗　眾賓長自左受旅如初　自宗　監本脫　長皆答拜

舉觶者祭卒觶拜長皆答拜　十一字監本脫　舉觶者洗各

酌于其尊　監本尊作奠　主人出立于戶外西面　監本外作內　少

用薦歲事于皇祖伯某　作為　振之三　下有

取籩與七字監本脫　尸受同祭于豆祭　監本同祭作同受

石經考文提要十三卷

清彭元瑞撰

嘉慶四年許宗彥原刻本

清乾隆皇帝詔命刊刻石經，竣事後工部尚書彭元瑞別撰此書，記石經文字勘定緣由。惟清石經已不被世人看重，此石經校勘記印本亦流佈無多。其書刊刻謹飭，惜此本略有壞損。鈐『許氏星臺藏書』朱文方印，知爲廣東番禺人許應鑅字星臺者舊藏。

版框高一七六毫米，寬一三六毫米。白口。

石經考文提要第一

周易

監本用王弼本今從
中用呂祖謙所定經二卷傳十卷
御纂周易折中

氏之
舊

上經
比卦

有它吉
監本作有他今從
周易折中武英殿本陸德明
經典釋文唐石經李鼎祚易
傳南宋石經宋本岳珂本易注疏張載
易說郭雍大易粹言易本漢上易注
義海撮要沈該易小傳趙彥肅復齋易說
傳董溪易傳王申子大易輯說董楷周
附錄俞琰大易集說胡一桂易本義附錄纂注
胡炳文周易本義通釋董真卿
通下有它吝有它不燕
監本作有它吝也並同唐石經
御纂

否九五

繫于包桑
監本作苞桑案周易包字
見唐石經於下經姤

石經考文提要第八

隱公
元年
春秋公羊傳

公及邾婁儀父盟于眛

康熙字典眛字下注地
名春秋公及邾
儀父盟于蔑公羊傳穀梁傳竝
作眛別有眛音妹目不明也今從
春秋傳說彙纂
武英殿本經典釋文唐石經
宋景德本宋
鄂泮官書本

監本作于眛案
欽定

桓公
二年

隱賢而桓賤也

監本作桓賤案
何休注故賤不
為諱也今從唐石經宋景德
本鄂泮官書本明閩齊伋本

三年

秋七月壬辰朔

坊本作壬申今
從武英殿本

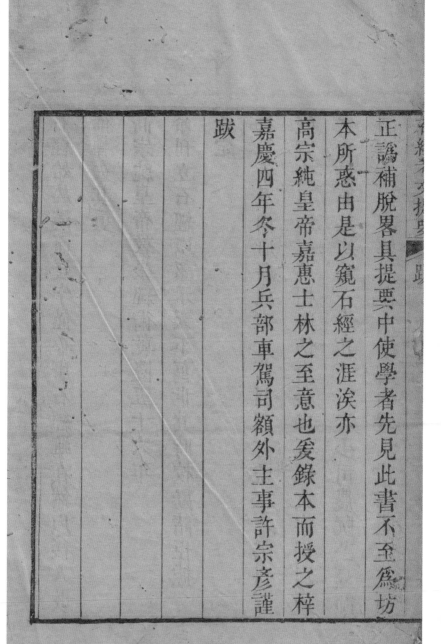

正譌補脫畧具提要中使學者先見此書不至爲坊

本所惑由是以窺石經之涯涘亦

高宗純皇帝嘉惠士林之至意也爰錄本而授之梓

嘉慶四年冬十月兵部車駕司額外主事許宗彥謹

跋

經典文字辨證書五卷　附音同義異辯一卷

清畢沅撰

乾隆四十九年畢氏靈岩山館《經訓堂叢書》原刻本

此叢書零本，刷印且已稍遲，版本自不足重。惟學術著作原版印本，今學人得以存入書齋，亦屬不易。

版框高一九三毫米，寬一四五毫米。黑口。

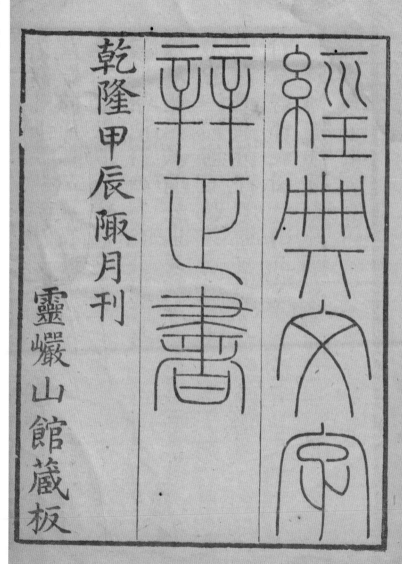

經典文字辨證書

乾隆甲辰陬月刊

靈巖山館藏板

經典文字辨證書敍

兵得□兼觀□瓷□別都御史巡撫陝西□等處地方贊理軍務兼理糧餉　鎭□□帶畢沅撰

作是書有五例一曰正皆說文解字所有者也二
曰省筆蹟稍省于說文解字香之爲香髑之爲髑
是也三曰通變易其方而不盭于說文解字烁之
爲秋鯖之爲鵲是也又執不能符于籀篆不得不
從隸楷所行曾之爲齊卤之爲卤是也四曰別經
典之字爲說文解字所無者也然尌諨別而有據
蒐罷別而難依是亦有兩例焉五曰俗流俗所用
不本前聞或乖聲義鄉壁虛造不可知者是也粵

經典文字辨證書 卷第一

一部

天　正
祆　俗胡祆神袄北魏書只作天
不　正
不　俗

上部

夋　正亦作丙
夯雱並同
旁　俗

示部

禮　正
禮　通
禮　俗唐元度九經字樣以為從豐豐從冊從豆出說文今說文無之元度引據多不實不足徵信
祭　正從

祭　俗
肉
祀　正從辰
祀　俗不從戌
祀　正之巳
祀　已之己
祗　正
祇　通凡隸文皆作氐
祺　正
祆　省

漢簡箋正七卷 首郭忠恕脩汗簡所得凡七十一家事蹟一卷 末目錄一卷

宋郭忠恕撰　清鄭珍箋正

光緒十五年《廣雅書局叢書》初刻本　佚名批注

此書爲清人研究戰國以前古文字的代表性著述。鄭氏雖對《漢簡》特有的『古文』多有疑惑，但所做箋正，爲功於郭氏殊多。是本即其初刻，鄭珍子知同校字。名著精刻，刷印亦早，未宜以叢書零本忽之。有佚名朱筆批注。

版框高二〇四毫米，寬一五〇毫米。黑口。

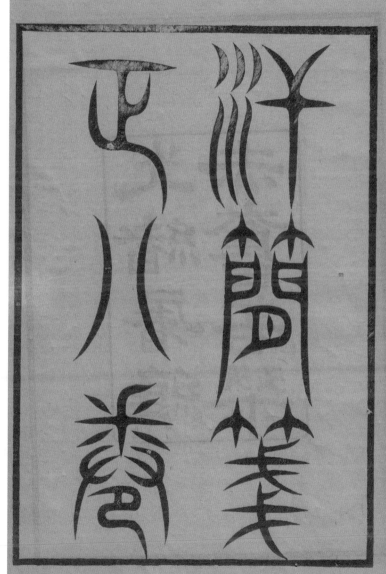

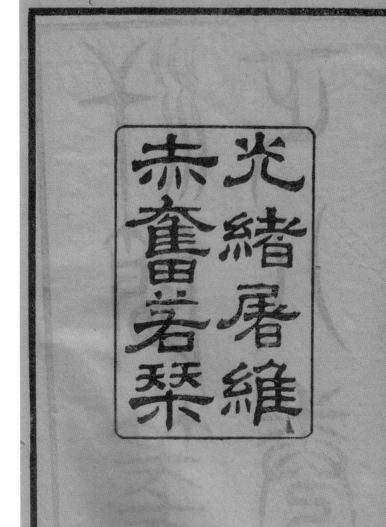

光緒屠維
赤奮若岩栞

汗簡卷上之一弟一

周朝散大夫宗正丞兼國子書學博士郭忠恕撰

遵義鄭珍箋正

一 後部首形與說文同者
・不復箋有異乃明之

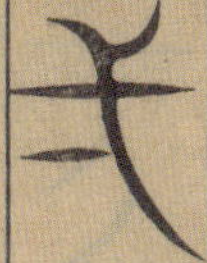

氒 一

凡一之屬皆从一

一 羣季宣所注古文尚書一作此郭氏所采尚書卽據此本後
・例稱羣本其文合郭氏所載者例注同字有不同則加箋考
凡此僞本所用奇古字細檢覈之大半以說文三字后經爲主
而別采它書以足之此形出說文古文一如此後凡屬說文古
字郭氏或采說文或取尚書后經及它家例先注古字以定其
體郭氏書例不取說文籀體惟別載它書閒有與攟合者亦例

汗簡箋正卷一

一

廣雅書局珠

新出三體石經尚書多士予其曰君奭予小子古文予皆作[?]章炳麟曰說文余从舍省聲此不省舍字下从口當正方此筆誤小異

如云[?]

文舄之變此形右旁舄辥本已如是乃石經舄字見下辥本舄亦作

嚌竝尚書辥本作嚌齊省二直漢人隸體此省二橫石經古文齊如此更篆

予石經尚書古文予如此說文余語之舒也當是依此義加余以口未必爲邯鄲氏古文下入部重出注余古予余通

差石經尚書古差作此形誤夏引作亦誤蓋以當或古文有此省體全書中偏旁差从此者又作與古文君同更誤夏又出石經一體作則誤脫口者

詞竝石經夏同是司字左言誤不成體石刻當元不如是

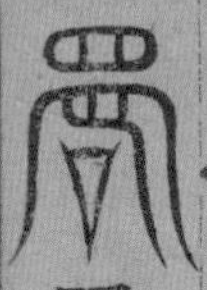

君孔子題季札墓文今碑本作

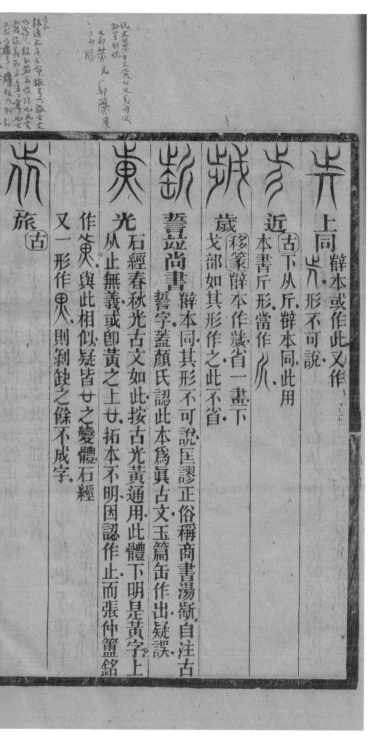

上同 辥本或作此。又作，形不可說。

近 古 下从斤。辥本同。此用本書斤形，當作。

歲 移篆 辥本作歲，省一畫。下戈部如其形作之，此不省。

誓盟尚書 辥本同。其形不可說。匡謬正俗稱商書湯誓，自注古誓字。蓋顔氏認此本爲眞古文。玉篇缶作出，疑誤。

光 石經春秋光古文如此。按古光黃通用，此體下明是黃字。上从止無義。或卽黃之上廿，拓本不明，因誤作止。而張仲簠銘作，與此相似，疑皆廿之變體。石經又一形作，則剝缺之餘，不成字。

旅 古

古文四聲韻 五卷

宋夏竦撰

乾隆四十四年汪啟淑據汲古閣影宋鈔本重刻本

此書爲宋人集錄戰國以前古文字名著，存世宋刻已殘。此本從宋槧出，乃世間最早全本，且雕鐫精良，自宜珍重。書衣墨筆記『固始張氏藏書』，鈐『御史中丞』朱文方印及『臣仁黼印』白文方印，知爲清末人張仁黼舊藏。

版框高二〇五毫米，寬一五二毫米。白口。

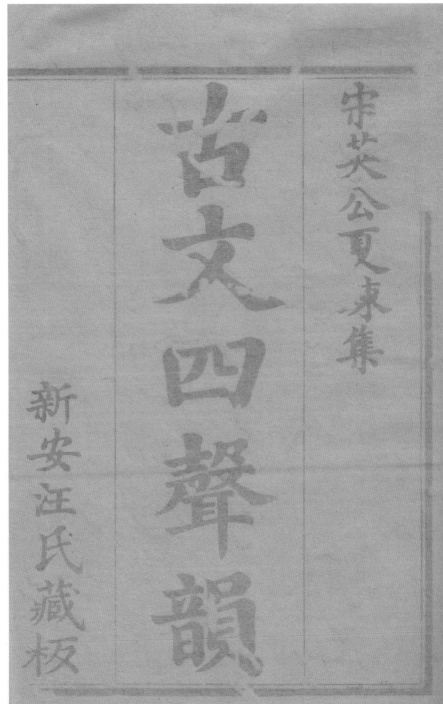

宋英公夏東集

古文四聲韻

新安汪氏藏板

崔希裕纂古　滕公墓銘

王庶子碑　陰符経

南嶽碑　鳳棲記

新集古文四聲韻卷第一

開府儀同三司行吏部尚書知亳州軍州事上柱國夏竦集

上平聲　凡二十九

東第一 德紅　冬第二 都宗

汗簡 古老子 ○ 絃 汗簡 ○ 煙 竝說文

竝崔希裕纂古 ○ 燕 汗簡 ○ 田 汗簡 古老子

同上 畋 古尚書 坈 崔希裕纂古 ○ 年 古孝經 古老子

石經 唐韻 滕公墓銘 ○ [illegible] 朱育集字 ○ 顛

裴光遠集綴 義雲章 李商隱字略 華嶽碑

碧落文 裴光遠集綴 崔希裕纂古 ○ 牽

篆灋偏旁點畫辯 一卷

元應在撰　清陳紀書、鄭漢音釋

約康熙、雍正間原刻本

傅增湘《藏園訂補郘亭知見傳本書目》著録此書有明刊本，尚並刊有同人《釋家法辨》一卷。其書通篇以七言韻句敘篆書字形結構。此本由陳紀以篆、楷間雜書寫正文，鄭漢旁注音釋。陳、鄭二人時代不詳，因傅增湘《藏園訂補郘亭知見傳本書目》著録此書明刻本而未提及兩人姓名，故疑即刻書時人。《四庫全書》未收。此本開化紙印，頗罕見。

版框高一八三毫米，寬一二二毫米。白口。

篆瀘偏旁點畫辯

　　　　　　　　鍾山　陳紀振綱　較書

　　莆陽　鄭漢濯之　音釋

述

遺

鳥迹科斗旣茫昧。石鼓遺文起

蜂 於 逢

蠭 於 鏲 下用雙 ⊂虫 兹

㠯 㠯

時但用雙 㫼 炗。 玄垂友 㲋 字還从

又 撼

兩 殳 重。 㩱 畔用 雲 非用

音極 雲

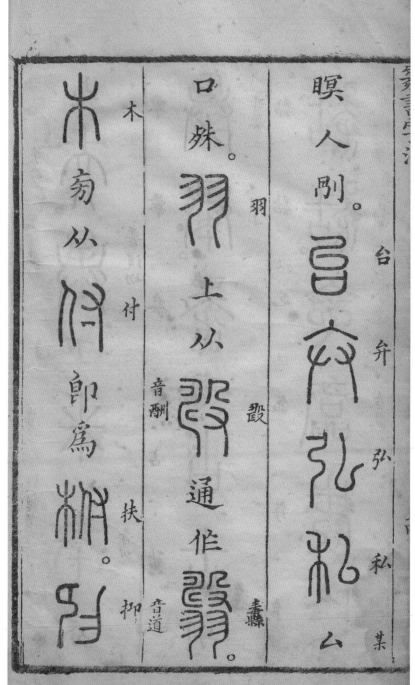

瞑人刪。

口殊。

木匋从　即為　椆。

切韻考四卷

清李鄴撰

約康熙間原刻本

是書論音韻原理，而非考述隋陸法言《切韻》。正文首頁版心下部鎸『穆伯芳刊』。《四庫全書》未收。印本稀見。

版框高一三二毫米，寬一○一毫米。黑口。

切韻攷

江都李衡山著

字韻攷嗣出

切韻攷卷之一

集說

四聲

南史陸厥傳曰永明末盛為文章吳興沈約陳郡
謝朓琅邪王融以氣類相推汝南周顒善識聲韻
為文皆用宮商以平上去入為四聲以此制韻有
平頭上尾蜂腰鶴膝五字之中音韻悉異兩句之
內角徵不同不可增減世呼為永明體傳又曰時有
沈約傳曰約撰四聲譜以為在昔詞人累千載而

何許人著四聲論行於世〇周顒傳顒始著四聲切韻行於時經籍
志齊周顒撰四聲切韻梁沈約四聲一卷繼之是四聲始於周顒

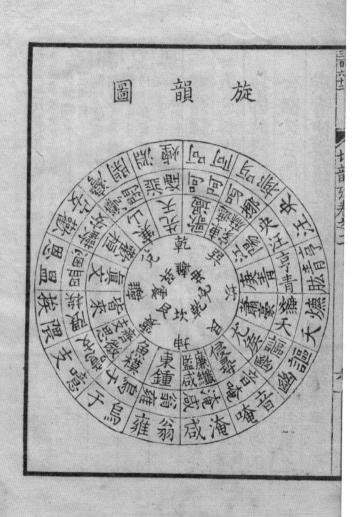

切韻考 六卷

清陳澧撰

約道光咸豐間刊《鍾山別業叢書》本

此書係音韻學名著，由《廣韻》入手闡發隋陸法言《切韻》之音韻體系。目錄開列八卷，但第七、八兩卷鐫記『未刻』。卷端鐫『鍾山別業叢書之■』，末字序數存墨釘待填。陳氏此《鍾山別業叢書》實未正式印行，後乃於咸豐光緒間另刻《番禺陳氏東塾叢書》，收入各項著作。故此本流傳甚罕。

版框高二一五毫米，寬一四五毫米。黑口。

番禺陳氏

切韻考卷一　序錄

番禺陳澧撰

鍾山別業叢書之

序

自孫叔然始爲反語雙聲疊韻各從其類由是諸儒傳授四聲韻部作焉

而陸氏切韻實爲大宗蓋自漢末以至隋代審音之學具於斯矣唐季沙

門始立三十六字母分爲等子字母之名雖由梵學其實則據中土切音

然音隨時變隋以前之音至唐季而漸混字母等子以當時之音爲斷不

盡合於古法其後切語之學漸荒儒者昧其源流猥云出自西域至

國朝嘉定錢氏休寧戴氏起而辨之以爲字母卽雙聲等子卽疊韻實齊

梁以來之舊法也二君之論旣得之矣澧謂切語舊法當求之陸氏切韻

切韻雖亡而存於廣韻乃取廣韻切語上字系聯之爲雙聲四十類又取

切語下字系聯之每韻或一類或二類或三類四類是爲陸氏舊法隋以

江氏韻書三種 六卷附兩種二卷

清江永撰　咸豐元年陸建瀛木樨香館刻本

江氏研究音韻，以長於審音著稱。此叢刻含《古韻標準》四卷附《詩韻舉例》一卷、《四聲切韻表》一卷、《音學辨微》一卷。

《例言》一卷並諸書皆先有乾隆間《貸園叢書》等刊本，陸建瀛嫌其舛錯而另行開版，所用底本曾經江有誥覈校，復倩夏燠、夏燮兄弟相繼爲之勘定。書開版於金陵，據云書版初成，僅刷印十部，金陵即失陷於洪、楊，版片毀失不存，故印本存世極罕。

版框高一八三毫米，寬一四〇毫米。白口。

古韻標準卷一

婺源江永愼修編　休寧戴震東原參定

平聲第一部

韻目一東　二冬　三鍾　四江

詩韻

一東　東

德紅切。桑柔四章自西徂東韻愍辰瘝其音稍

小東大東讀本音切乃從方音偶俗非本音詳見總論。

舊叶都郎反誤○調射夫既同助我舉柴此以首句

與第四句韻中二句非韻猶之未吳氏職盜為寇凉曰

不可覆背善罟戾置韻而蔑可非韻也○調字本音在

韻讀調如同引離騷為證愚謂調字號求架孆之所同湯

部不可強通離騷勉升降以上字本求架孆之所同湯

禹偁而求合兮咎繇而能調兮屈方子朔七諫以此

故效之古人讀書不必其無誤也蓋東方子朔七諫不量鑿而

江氏韻書三種書後

古韻標準自貸園叢書外別無單行之本羅有高不識古
音并所辨說文數條亦多紕繆至等韻之學如治絲而棼
稍不經意譌脫因之先名官公官新安始得見歙汪叔辰
先生龍所刻四聲切韻表及音學辨微鈔本手授及門江
晉三有詿悉心校閱沔陽制府自先兄和甫行笈中見而
善之攜歸復校因念崑山顧氏之書考古詳而審音略愼
齋先生於清濁開合洪細之等剖析入微故能自流溯源
因分見合乃取其所箸古韻等韻三種並付梓人復朱先
兄校本及管見所得增入之江氏之書自此成全璧矣燮

案汪氏切韻表後跋謂影母乙二字誤入喻母以音學

辨微乙為影之三等一為影之四等證之其誤顯然又以

辨微與表互校溪母傾字三等當據表改入四等疑母偶

字三等當據表改入一等喻母夷字三等當據表改入四

等又開口呼列巾字據表凡例言方音呼巾似斤以合為

開表中眞韻巾字入三等合口呼此其明證檢眞韻開口

無首位字當俗上聲之緊字注云平聲眞此書方授梓時

先兄晉謁金陵節署自任讎校之役歸未一年遽賦朝露

制府憫舊之餘重以家學相許謹承命復校一過而敘其

緣起如此時咸豐紀元二月當塗夏燮謹識

江氏音學十書七種十卷 附兩種二卷

清江有誥撰

嘉慶道光間原刻本

諸書行款略異。含《詩經韻讀》四卷（嘉慶十九年刊）、《羣經韻讀》一卷（嘉慶二十二年刊）、《楚辭韻讀》一卷附《宋賦韻讀》一卷（嘉慶二十五年刊）、《唐韻四聲正》二十四年刊）、《先秦韻讀》一卷（道光七年刊）、《廿一部諧聲表》一卷（道光十一年刊）、《入聲表》一卷附《等韻叢說》一卷（道光十一年刊）。另有《漢魏韻讀》、《唐韻再正》、《唐韻更定部分》等多種列入擬刻書目而實際未刻。江氏論定古音

四聲等重要問題，音韻學研究頗負盛名。此音韻學叢書求之者眾，嘉道

間原刻本一向罕遇難求。

版框高一七五毫米，寬一二七毫米。白口。

嘉慶甲戌春鐫

歙邑江有誥學

詩經韻讀

詩經韻讀卷一

國風三章

周南

關關雎鳩在河之洲 說文作州洲乃俗字 窈窕淑女君子好逑
幽部

參差荇菜左右流之窈窕淑女寤寐求之 幽部求之
不得 丁力瘬寐思服 反扶逼 悠哉悠哉輾轉反側 舊入聲側聲之
之部

參差荇菜左右采之 反 此止之窈窕淑女琴瑟友之 音以之
之部

參差荇菜左右芼之窈窕淑女鐘鼓樂之 去聲之

詩經句讀 卷一 國風

一